DE LA MÊME AUTRICE

Martin Deschamps. Portrait d'un rocker, Éditions Au Carré, 2005.

Ce livre n'est pas un journal intime. Tome I, illustrations de Mathieu Potvin, Druide, 2013.

Ce livre n'est pas un journal intime. Tome II, illustrations de Mathieu Potvin, Druide, 2013.

Ce livre n'est pas un journal intime. Tome III, illustrations de Mathieu Potvin, Druide, 2014.

Charlie-Rock. 1 – Mes cinq saisons, Druide, 2017.

Charlie-Rock. 2 – Destination : liberté, Druide, 2018.

Raconte-moi le Cirque du Soleil, Petit homme, 2019.

MARYSE PAGÉ

Rap pour violoncelle seul

roman

LEMÉAC • JEUNESSE

Ouvrage édité sous la direction
de Maxime Mongeon

Illustration de couverture : Catherine Marchand, à partir de photographies de Nick Cooper et de RAYUL (*unsplash.com*)

Leméac Éditeur remercie le gouvernement du Canada, le Conseil des arts du Canada, la Société de développement des entreprises culturelles du Québec (SODEC) et le Programme de crédit d'impôt pour l'édition de livres du Québec (Gestion SODEC) du soutien accordé à son programme de publication.

Canadä

ISBN 978-2-7609-4244-8

4609, rue D'Iberville, 1er étage, Montréal (Québec) H2H 2L9
Dépôt légal – Bibliothèque et Archives nationales du Québec, 2020

Imprimé au Canada

À mon père

1

J'avais déjà volé. De la bière, des cartes de Pokémon. Des jujubes. Souvent des jujubes. J'aime les jujubes. Les rouges. Un sac à dos, une fois. J'ai volé deux T-bones aussi. Pour la fête des Mères. La mienne voulait manger un bon steak avec des frites. J'avais piqué une enveloppe de sauce au poivre pour aller avec et des McCain congelées ondulées. Tout un snack ! J'avais rendu ma mère heureuse le temps d'une bouffe. Évidemment, elle y était allée fort sur le vin rouge.

Cette fois-là, je devais avoir la tête ailleurs. Je me suis fait prendre comme un amateur. J'étais à l'épicerie pour acheter du pain et du beurre de pinottes. Deux ingrédients qui comblaient nos besoins du déjeuner, du dîner et parfois du souper. « Ça bourre », qu'elle disait.

Cette journée-là, je voulais piquer une ou deux cartes-cadeaux Subway pour pouvoir accompagner Fred et Sam à l'heure du lunch le lendemain. J'avais préparé ma stratégie. J'ai repéré les caméras de l'épicerie. J'ai pris les cartes en essayant de ne pas avoir l'air louche et les ai mises dans mon panier, en dessous du pain. En le déposant sur le tapis de la caisse, j'ai empoigné les cartes et les ai transportées vers ma poche de pantalon, en sortant en même temps mon portefeuille. Ni vu ni connu ?

Nan !

Faut croire que le petit monsieur bedonnant n'était pas très occupé. Il m'a agrippé par le bras juste avant que je paye. Il portait fièrement un logo du supermarché sur sa chemise. Il a dû avoir un orgasme en m'arrêtant. Ça devait le faire jouir d'enfin faire ce pour quoi on le payait: attraper des chipeurs de seconde classe. Tant mieux pour lui parce qu'il ne devait pas baiser souvent.

— Hé, mon bonhomme. Je t'ai vu !

— T'as vu quoi ?

Je jouais le parfait naïf, mais je chiais dans mes culottes.

— Vide tes poches !

Tout d'un coup, je me suis senti envahi par une montée de chaleur extrême qui m'a donné le tournis. J'ai hésité entre courir comme si j'étais poursuivi par un T-Rex, continuer de nier ou faire pitié en disant que je n'avais rien mangé depuis trois jours. J'ai finalement opté pour la négation. Mauvaise idée !

— Laissez-moi tranquille. J'ai rien fait !

L'homme a insisté en appelant le gérant avec son walkie-talkie.

— Donne-moi les cartes !

Sur le bord de vomir, j'ai obéi et lui ai remis les deux cartes que j'ai sorties de mes poches.

— Je m'excuse, monsieur. J'ai jamais fait ça. Je vous jure ! Je recommencerai plus. Laissez-moi payer ce que j'ai pris pis vous me reverrez plus de toute ma vie !

J'étais devenu un as dans l'art de jouer les piteux pitous, une stratégie souvent utilisée dans mes familles d'accueil pour obtenir des faveurs.

Le gérant s'est pointé, un grand monsieur vraiment pas sympathique.

— Qu'est-ce qu'il y a, Louis ? a-t-il demandé à son employé.

— J'ai vu ce kid prendre deux cartes-cadeaux pis les mettre dans ses poches.

J'ai radoté au gérant que je n'étais pas un voleur et que je ne recommencerais plus jamais. Mais il ne voulait rien savoir de me laisser partir.

— J'ai aucune pitié pour les minables de ta trempe. La police est déjà en route.

J'étais coincé. Je ne pouvais plus m'en sortir. Je me suis laissé docilement emmener dans le bureau du boss en attendant la police. J'étais plus stressé de réfléchir à comment ma mère allait réagir qu'à ce qu'il allait advenir de moi. Je l'imaginais prendre une cuite pour oublier que son fils était un vulgaire petit voleur. Déjà, je regrettais mon geste. Tout ça pour manger un sous-marin avec mes chums !

Je me suis soudainement mis à penser aux conséquences. Je venais tout juste de revenir chez ma mère, de retrouver enfin ma chambre à moi, après deux ans à bambocher dans trois familles d'accueil. Mais cette fois, on allait sûrement m'enfermer dans un centre jeunesse. Une étape que je n'avais pas encore franchie.

Les deux policiers, un gars et une fille, sont entrés dans le bureau du boss. Il ne leur a même pas laissé le temps de poser des questions et a tout raconté, à sa façon. La très jeune policière a pris le contrôle.

— Quel est le montant du vol?

— Deux cartes-cadeaux de 20 $ chacune et plusieurs autres articles, a répondu sèchement l'homme.

Soucieux de rester poli pour ne pas empirer mon cas, j'ai quand même répliqué que je m'apprêtais à payer le pain et le beurre de pinottes. La police m'a fixé droit dans les yeux.

— Tu sais que tu serais pas allé bien loin avec ces cartes-là. Il faut que la caissière les passe sur son scanneur pour les valider.

Épais! Esti que j'avais honte!

— Vous voyez ben que j'connais rien là-d'dans!

La policière a fait remarquer aux hommes du supermarché qu'il s'agissait bel et bien d'une première offense. Dans ma tête, je lui disais : « Tu veux dire que c'est la première fois que vous me pincez. » Elle leur a demandé s'ils comptaient porter plainte. Le propriétaire, arrivé depuis peu, a lâché un grand soupir.

— Il peut pas ne pas avoir de conséquences. Voler, c'est voler !

— Faites-vous-en pas, monsieur, a répondu la policière, y'aura des répercussions. Faut d'abord appeler ses parents pour qu'ils viennent le chercher. Je pense que ce sera déjà assez humiliant pour lui. Si vous décidez de ne pas porter plainte, vous pouvez exiger réparation.

Un mauvais rêve. Un bad trip. Ma carrière de voleur s'arrêterait là, pas assez bright pour me rendre compte qu'un loser au salaire minimum dans une épicerie de marde m'avait spotté. Le stress grimpait juste à l'idée de voir arriver ma mère. Je savais trop qu'elle en profiterait pour faire son show de mono dépassée par le comportement de son ado. Je lui offrais sur un plateau d'argent une bonne raison de recommencer à tinquer.

— Donne-nous les numéros de téléphone de tes parents, a demandé l'autre policier.

— J'ai pas de père et ma mère est à job. Il faut pas lui faire perdre sa journée pour venir ici. Elle sera pas payée.

Le commerçant m'a tendu un bout de papier avec un numéro.

— Pas de problème, on te garde jusqu'à ce qu'elle ait fini de travailler. Ça va te donner le temps d'appeler là.

— C'est où, ça?

— C'est une résidence pour personnes âgées. Ils ont besoin de bénévoles. J'en ai envoyé une couple comme toi et ça les a transformés.

On aurait dit qu'il parlait d'un bootcamp pour délinquants dangereux.

— Mais je connais pas ça, les vieux, moi, j'ai même pas de grands-parents.

— T'en fais pas, on va te dire quoi faire. Ce sera pas sorcier.

Pendant notre discussion, les policiers ont téléphoné à ma mère. Impossible pour elle de venir me chercher avant d'avoir terminé sa journée de travail. Je sentais des plaques d'eczéma me sortir un peu partout sur le corps. L'intérieur des coudes et l'arrière des genoux me piquaient. Je fais de l'eczéma depuis que je suis tout petit. C'est comme le mauvais qui sort. C'est juste plate parce que c'est du mauvais visible pour les autres. Ça peut répugner parfois quand l'éruption est intense. Mais vaut mieux que ça sorte plutôt que de se transformer en maladie mortelle.

Ma mère est finalement arrivée dans le bureau en moins d'une heure et a fait son show.

— Tu peux me dire qu'est-ce qui t'a pris? Même pas foutu de savoir que tu peux pas utiliser ces cartes-là si elles sont pas scannées.

Mon gars, t'as quoi dans le ciboulot? Mon propre fils qui vole!

Elle était au courant que ce n'était pas ma première fois. Elle a fait son numéro de braillage intense. Pas juste des larmes qui coulent tranquillement. Chialer, beugler. Une vraie folle! Elle méritait un Oscar pour «meilleure actrice dans un rôle principal» dans un mauvais film dramatique – pathétique. Je disais toujours que si elle avait eu plus de chance dans la vie, elle aurait pu devenir comédienne. Mais, au lieu de ça, elle lavait des planchers.

— Maman, calme-toi! Tout est réglé. J'vais faire des travaux communautaires avec les p'tits vieux.

Je jouais le jeu, mais je la regardais avec des yeux qui voulaient dire de ne pas trop en mettre. Elle les connaissait, ces yeux-là. Je les lui offrais toutes les fois qu'elle me faisait honte.

— On reste poli, s'il te plaît. Je t'ai pas élevé d'même! On dit pas ça, «les p'tits vieux».

Ce n'était pas l'endroit et surtout pas le moment, mais l'envie ne manquait pas de lui balancer qu'elle ne pouvait pas vraiment s'approprier le titre de «celle qui m'a élevé». Malheureusement, si j'avais un peu d'allure, c'était surtout grâce à certains purs étrangers qui avaient été mis sur mon chemin par la DPJ.

— Sorry, mom.

Me retournant vers les policiers :

— On peut-tu y aller ?

— Quelques papiers à signer et ce sera tout. Pour ce qui est du nombre d'heures de travaux communautaires, tu dois t'arranger avec monsieur Brisebois.

— Au moins une quarantaine pour que ça vaille la peine et que ça te mette un peu de plomb dans tête, a répondu le propriétaire de l'épicerie.

— Du plomb dans tête ?

Jamais entendu cette expression. Et ma mère y est allée d'une explication et de commentaires devant son public pour leur montrer qu'elle était responsable. Bravo ! Elle se débrouillait bien une fois de plus.

— Ça veut juste dire, te faire prendre conscience que c'est grave ce que t'as fait. J'ai honte. Tout ça pour un…

L'interrompant :

— C'est bon, maman. J'ai compris !

J'ai parlé à la patronne de la résidence pour les vieux et j'ai obtenu un rendez-vous dès le lendemain.

J'avais tenu le coup jusqu'à maintenant, mais un mal de cœur soudain a fait remonter mon dernier repas. C'était urgent !

— Sont où les toilettes ? Vite, ça presse, j'vais dégueuler !

Sans avoir le temps de terminer ma phrase, j'ai attrapé une poubelle au-dessous du bureau du gérant et j'ai vomi. Mal à l'aise, j'ai demandé à nouveau où étaient les toilettes pour aller nettoyer tout ça.

— Laisse faire, un employé va s'en occuper. Va-t'en chez vous réfléchir.

Avec son petit ton condescendant, il manquait juste un « va dans ta chambre » ! Ma mère m'a pris par le bras comme si j'étais un enfant de six ans et m'a ramené vers elle en me tirant vers la sortie.

En route vers l'appart, elle m'a fait la morale en me radotant sa honte. Comme si moi, je n'avais jamais eu honte de ma mère ! Elle est même allée jusqu'à dire qu'elle espérait que je ne lui fasse pas regretter mon retour auprès d'elle.

— J'me démène comme une folle avec mes deux jobs. Je décrotte des maisons de riches le jour pis la crasse de petits morveux de garderie le soir. Tout ça pour arriver à ce que tu manges à ta faim, que tu sois habillé comme du monde et que je puisse te gâter un peu de temps en temps. Désolée si je peux pas te payer ton Subway du vendredi comme les parents de tes chums, les ti-couples parfaits.

Et elle s'est mise à pleurer. Encore. Cette fois, ce n'étaient pas des larmes de crocodile.

— S'cuse, mom, mais dis-le vite si tu veux me repitcher chez les Côté-Dessureault, parce qu'y ont donné leurs dispos pour prendre un autre jeune de la DPJ. Pis tant qu'à retourner en famille d'accueil, j'aimerais mieux que ce soit chez eux.

— C'est ça, fais-moi sentir coupable. Oublie pas que tu viens de faire une grosse gaffe. Y'a pas juste moi qui est pas parfaite, tsé.

— Justement, faut pas que tu recommences à boire à cause de moi.

— Ramène pas ça à moi ! C'est de toi qu'on parle ! On va essayer de vivre ensemble, de rattraper le temps perdu. Force-toi un peu, j'me force, moi !

Me forcer à quoi au juste ? À être le fils d'une incompétente, dépendante, hystérique, absente ? À inverser les rôles d'enfant-parent ? C'était le pied chez les Dallaire dans leur petite maison de banlieue, rénovée, décorée comme dans les annonces de Brault et Martineau. La vie rêvée chez les Côté-Dessureault m'offrant une chambre gigantesque, une télé, un cell, mon Nintendo. Ils s'étaient donné une mission sociale de me sauver d'une mère alcoolo. Une veuve mono décrochant de l'école en secondaire trois. La fréquenter ces deux dernières années me mettait tellement à l'envers que la DPJ avait distancé de plus en plus nos visites. Ça me siphonnait qu'elle scrape sa vie. Je me convainquais que ses efforts pour s'en sortir étaient proportionnels à son amour pour moi. Autant dire qu'elle ne m'aimait pas fort fort!

Mais cette fois, sa cure semblait fonctionner. Sa quatrième. Six mois sans boire une goutte. Sa récompense : récupérer son fils. Son Malik. Je devais lui donner une chance. Nous donner une chance. Mais, moi, mon prix, c'était de vivre avec la chienne qu'elle retombe. D'être stressé de la voir arriver de travailler trop de bonne humeur en titubant. Retourner à une vie de pauvre. Qu'il me pousse des plaques d'eczéma de peur de me retrouver dans une de ces familles weird, comme celle de mes huit ans où il fallait faire une prière au soleil avant de manger. Ou ce couple qui m'obligeait à chanter chaque soir avec ses cinq enfants, parce que « chanter, c'est bon pour la santé », disait-il.

Ma médaille, ç'a été de fêter mes quinze ans avec un gâteau Vachon pis une allumette piquée dedans.

Elle avait besoin de moi, plus que moi d'elle.

Pour les semaines suivantes, je m'étais promis de me tenir droit, très droit.

Arrivé chez nous, toujours avec le mal de cœur au bord des lèvres, je suis allé directement au lit.

2

Le lendemain de mon vol de loser, je me suis pointé à la résidence de personnes âgées en sortant de l'école. Heureusement, je pouvais y aller à pied. J'avais rendez-vous avec madame Beaupré, la directrice générale. Elle m'a fait visiter la salle commune, le gym, la cafétéria et m'a montré l'ascenseur qui donne accès aux chambres des résidents. Je mourais de faim. Disons que ma boîte à lunch du midi était rarement bien garnie. Elle m'a offert une collation. J'ai accepté un jus et un muffin avec un grand sourire. J'ai même eu droit à un deuxième. J'étais passé maître dans l'art de me bourrer élégamment dès qu'on m'en donnait l'occasion.

Pour tenter d'être positif, j'envisageais la chose comme si c'était une première job et non des travaux forcés parce que je m'étais fait prendre comme un débutant. Madame Beaupré et moi, on a convenu que les heures devraient être terminées assez rapidement, mais qu'il ne fallait pas que ce « bénévolat » nuise à mes études. Elle a décidé de me jumeler avec un certain monsieur Larochelle, me le décrivant comme « un vieil homme, plutôt en forme, à qui un peu de compagnie ferait grand bien ». Et elle a ajouté :

— Je t'avertis, tu devras t'armer de patience. Monsieur Larochelle dit toujours qu'il n'a besoin de personne, mais c'est faux. Tout le monde a besoin de contacts humains. Puisqu'il fait souvent des blagues de mauvais goût et qu'il n'a pas un caractère facile, les autres résidents le fuient.

Je me doutais bien que je n'étais pas le premier, mais j'ai quand même demandé.

— Est-ce que je suis le premier jeune bénévole qui essaie de s'occuper de lui ?

— J'veux pas te faire peur, mais non. Plusieurs ont tenté le coup, mais sans succès. Stresse pas avec ça. Fais ce que tu peux. Si ça ne fonctionne pas, je t'affecterai quelqu'un d'autre. Toutefois, je te demande de passer un minimum de deux semaines avec lui.

— O.K. J'commence quand ?

— Tu vois l'homme là-bas, devant la télé ? Celui avec la veste grise et les pantoufles à carreaux rouges et noirs... c'est lui. Tente un premier contact.

— Avez-vous un conseil à me donner ?

— Laisse-le venir à toi. Laisse-le te parler en premier. Et surtout, ne sois pas susceptible. Quoi qu'il te dise, n'en fais pas une affaire personnelle.

J'ai terminé mon muffin et me suis dirigé vers la salle commune. Je n'en étais pas à mes premières rencontres avec des étrangers ou avec du monde fucké. Je me rappelle, vers neuf, dix ans, un père dans une famille d'accueil. Un méchant énergumène. Je ne comprends même pas que la DPJ lui confiait des jeunes. Je n'ai jamais été dans l'armée, mais je pense que ça devait être pareil. Il fallait faire un salut avec la main quand il nous demandait quelque chose. On était toujours quatre ou cinq poqués de la vie avec cette famille-là. J'ai déjà vu sa femme lui faire ce salut-là dans leur chambre. C'est tout juste si on ne l'appelait pas sergent, colonel ou caporal. Je me disais que ce vieux qu'on m'affectait ne pouvait pas être pire.

Il fixait sa montre. À huit heures pile il s'est levé. Il cherchait quelque chose. J'ai compris après que c'était la télécommande. Il est allé changer de poste pour le début du match de hockey. Les autres vieux, surtout des vieilles, installés confortablement pour écouter leurs émissions de télé, se sont mis à hurler : « Mariuuuuuus ! »

Au lieu de s'allier et de le sacrer dehors, les femmes sont toutes parties dans leur appartement regarder leurs séries télé chacune de leur côté. Le vieux a souri, fier de lui. Dès qu'il s'est retrouvé seul, il a fermé la télé et fixé le mur de la salle commune.

Je venais d'avoir une démonstration de ce qui m'attendait dans les prochaines semaines. Hé oui, c'était finalement mon bootcamp à moi ! Je n'osais pas l'aborder et je suis retourné voir madame Beaupré qui m'a fait un portrait un peu plus détaillé du personnage :

— Il a soixante-seize ans et habite au Manoir St-Damien depuis deux ans. Lui et sa douce ont vendu la maison où ils avaient fondé leur famille pour vivre dans une résidence de luxe pour personnes âgées. Plutôt que de payer quelqu'un pour faire le ménage, tondre le gazon ou même faire les repas, le couple a préféré demeurer dans un « tout-inclus ». Mais son amoureuse des soixante dernières années ne l'a pas supporté et, quelques mois plus tard, un matin, elle ne s'est pas réveillée. Marius ne vivait que pour sa douce, alors il n'a jamais vraiment côtoyé les autres résidents. En fait, ses colocataires savaient qu'il existait, mais ne l'avaient à peu près jamais vu. Au départ d'Henriette, il a décidé de sortir, mais pas pour les bonnes raisons. Comme s'il voulait se venger de la mort de sa femme, il se présente à la cafétéria pour prendre ses repas et fait exprès de faire du bruit en mangeant. Tu as été témoin de ce qu'il fait avec la télé. Le hockey ne l'intéresse même pas. Et c'est sans parler des soirs de bingo où il se pointe juste pour être désagréable avec tout le monde.

— Mais pourquoi vous le laissez pas tranquille ? Pourquoi vous lui imposez un bénévole ?

— Marius est un grand homme, fort, encore solide, comme tu peux le constater. La seule chose qu'il n'a pas lâchée depuis qu'Henriette l'a quitté, c'est son vélo stationnaire et ses poids et haltères. C'est devant la photo de sa bien-aimée qu'il s'entraîne chaque jour dans son appartement. Il a toujours été coquet et tiré à quatre épingles, tout ça pour garder brillant le regard de sa douce. D'ailleurs, d'une grande beauté, elle faisait fureur à la résidence. Il piquait parfois des petites crises de jalousie envers les hommes qui la complimentaient. Maintenant, il s'en veut. Il aurait dû être fier. Elle n'avait d'yeux que pour lui. C'est une personne âgée profondément triste, et j'ai espoir qu'un jour quelqu'un perce sa carapace. Voilà pourquoi on te l'a assigné. Tu me sembles un bon garçon.

Quelle pression on me mettait sur le dos !

— C'est vrai, je suis pas un mauvais garçon, mais quand même pas un psy ! Y'a pas d'amis ou d'enfants qui lui rendent visite de temps en temps ?

— À ma connaissance, il n'a pas vraiment d'amis. Le couple a eu deux enfants. Le plus vieux est ingénieur à l'autre bout du monde. Il a rencontré une fille lors d'un voyage en Nouvelle-Zélande et n'est jamais revenu. Monsieur Larochelle lui parle sur FaceTime à Noël et à son anniversaire. Sa plus jeune habite en Nouvelle-Écosse et vient une ou deux fois par année. Il ne voit grandir ses petits-enfants que sur les réseaux sociaux, avec les photos que leurs parents publient ou avec quelques séances vidéo. Il croit que c'est leur éloignement qui a fait mourir Henriette. Elle souffrait de leur absence en silence. C'est elle qui avait acheté une tablette pour pouvoir garder le contact. Allez, assez parlé de lui, va le retrouver.

J'ai pris place sur une chaise libre tout juste à côté du vieux. Il a finalement rouvert la télé pour écouter une émission sur la chasse aux canards. Je restais silencieux. Au générique, il a éteint. Une femme, encore là, patientant dans un coin dans l'espoir qu'il parte au plus vite, s'est précipitée sur la télécommande et a rouvert la télé pour la mettre à Canal Vie. En se levant de sa chaise, il m'a aperçu.

— T'es qui, toi ? Qu'est-ce que tu fais là ?

— Je suis bénévole. Avez-vous besoin d'aide pour vous rendre à votre chambre ?

Je souriais, et avais prononcé cette phrase de façon ridicule. N'importe quel être humain normal pouvait détecter que mon sourire était forcé. Je ne pouvais pas croire que l'envie d'un sous-marin m'avait mené dans un endroit pareil à m'occuper d'un vieux schnock antisocial. On appelle ça comment? Le destin? Le karma? Une malchance? C'était ça. Une autre bad luck! Et j'ai eu droit à sa sympathique réponse:

— Ah non! Ils m'ont pas encore envoyé un p'tit morveux pour me suivre comme une queue de poêlon!

Et il s'est mis à hurler:

— Je leur ai dit de me foutre la paix! J'ai pas besoin de personne!

Un peu moins fort, il a poursuivi son monologue.

— Bande d'imbéciles! Au prix que ça me coûte de vivre icitte, y pourraient me sacrer patience!

Il s'est tourné vers moi et m'a parlé à deux pouces du nez. J'ai fait le saut!

— J'ai pas besoin de toi! Capitch? Comprends-tu le français? J'peux l'dire en anglais si tu veux, en japonais peut-être, en serbo-croate... ou avec ta tronche, ce serait plutôt en arabe. Décrisse!

À lui seul, il représentait tous les hommes bourrus des familles d'accueil que j'avais côtoyés. Tous les monstres qui s'étaient cachés sous mon lit. Toutes les peurs que je n'avais pas encore réussi à transgresser. Je l'ai regardé droit dans les yeux et lui ai répondu sèchement même s'il me foutait la trouille :

— Oui, compris.

Et là, je ne l'ai pas dit fort, mais je l'ai dit quand même :

— Mais va falloir que tu m'endures au moins deux semaines, vieux crisse de débile !

— J't'ai entendu, tsé. Je suis pas sourd. C'est pas parce que j'ai soixante-seize ans que j'entends pas les jeunes cons me traiter de débile !

Et sur ce bordélique début de contact, le bonhomme s'est rendu vers les ascenseurs en grognant comme un chien enragé. Moi, je suis allé au bureau de la directrice pour écrire ma première heure sur une feuille piquée sur un tableau de liège.

Mille ans. C'est ça que ça allait me prendre pour faire mes quarante heures de travaux communautaires. Mille ans.

3

J'ai toujours eu des problèmes de concentration à l'école. Quand je n'étais pas dans des familles d'accueil, j'arrivais souvent le ventre vide. Et même si j'attendais avec impatience l'heure du lunch, ce n'était pas mon demi-sandwich qui me donnait l'énergie pour apprendre. Après m'être fait prendre à voler, mon déficit d'attention a empiré. Et juste à l'idée de revoir le vieux bougonneux, je faisais des crises d'eczéma. Je ne savais pas quoi faire d'un vieillard déplaisant qui ne laissait personne l'approcher. Je déprimais.

Fred et Sam ne me reconnaissaient plus. Je rentrais chez ma mère après l'école et n'avais envie de rien. Ils essayaient de m'encourager, surtout Fred qui se prenait pour un coach de vie. J'avais eu mon lot. Pourquoi il ne leur arrivait jamais rien à eux ? Est-ce que la vie est un jeu de pile ou face, les chanceux et les malchanceux ? Bah ! Jamais je ne m'apitoierais sur mon sort devant eux. Je jouais au tough. Mais me plaindre de mon vieux, ça oui !

— Mais, qu'est-ce qu'il a de si pire, le bonhomme ?

— Il est bête, râleur, haïssable… tu veux que j'continue ?

— Quarante heures, ce sera pas si long !

— Il m'en reste trente-neuf. Et j'espère qu'on va me changer de vieux après deux semaines.

— Fais un deal. Explique-lui que t'as pas le choix et demande-lui d'être cool, le temps que tu fasses tes heures.

— Et tu penses qu'il va dire : « Pas de problème, mon p'tit bonhomme, je vais faire ça pour toi » ? Jamais, il est trop borné.

— Arrête un peu de te lamenter. Ça aurait pu être pire. Si le proprio du supermarché avait porté plainte, t'aurais un casier.

« Arrête de te lamenter. » J'avais en horreur de me faire dire ça. Surtout par eux avec leur forfait cellulaire et leurs parents toujours ensemble et leur petite vie de famille normale.

— Moi, tout ce que je voulais, c'était d'aller bouffer chez Subway avec Sam pis toi.

— J'comprends, Malik, mais au pire, apporte ton lunch et viens avec nous. Je pense pas qu'ils vont te mettre dehors.

Allez chier ! C'est ce que j'avais envie de leur cracher. Mais ces chums-là étaient mes deux seuls fidèles. Et malgré leur manque d'empathie flagrant je ne voulais pas trop les bousculer. Mais il fallait quand même que je leur dise un peu ma façon de penser.

— C'est bon ça ! Moi je mange du beurre de pinottes entre deux tranches de pain, pis j'vous regarde avaler un douze pouces italien all dressed. Big deal !

Sam s'est mis de la partie.

— Tu peux peut-être essayer de te trouver une job. Y'en prennent à partir de quinze ans chez Provigo.

— Tu sais quoi, a ajouté Fred sur un ton un peu plus compréhensif, je vais apporter mon lunch un vendredi sur deux, comme ça, y me restera du cash pour t'en payer un une fois de temps en temps.

— T'es fin, mais laisse faire. J'veux pas que tu te prives pour moi.

J'étais touché par l'offre de Fred et je regrettais d'avoir pensé du mal de lui, mais j'étais trop orgueilleux pour accepter.

* * *

Après une très mauvaise journée à l'école, j'ai croisé Jade, sur le chemin vers la maison.

— Allô Malik, m'a-t-elle dit de sa petite voix douce.

— Salut, Jade. Tu vas bien ?

— Bof ! Pas tant.

— Qu'est-ce qu'y a ?

— Je dois me pointer au palais de justice demain, parce que mes deux parents se disputent ma garde.

— Sérieux ? Et tu vas choisir ton père ou ta mère ?

— J'ai pas envie de prendre cette décision-là. Je veux juste pas qu'ils se séparent. En même temps, ils se chicanent tellement souvent que c'est chez ma grand-mère que je serais le mieux.

— Ben, dis ça au juge !

— Ouin, je vais y penser…

— Est-ce que ça te tente de venir manger mon Kraft Dinner saucisses ?

— Bonne idée, t'es gentil. Je vais appeler ma mère pour lui dire que je soupe chez toi.

Jade était mon amie depuis la garderie. On avait toujours habité le même quartier. Nos apparts avaient déjà été l'un en face de l'autre et on se réconfortait chacun de notre fenêtre de chambre avec nos walkies-talkies. Il arrivait que j'aille la chercher quand les chicanes de ses parents devenaient trop intenses. On dormait ensemble. Mais à cause de mes deux dernières années dans des familles d'accueil, on s'était un peu éloignés.

Ce soir-là, j'ai eu envie de lui offrir de dormir avec moi dans mon lit. Mais je ne pense pas qu'elle aurait été à l'aise, comme quand on était petits. Moi non plus d'ailleurs. Je la trouvais belle, Jade. Je me sentais coupable de la désirer. On était juste des amis. Je ne pouvais pas lui avouer que je l'aimais comme un fou, je briserais tout. La pire chose qui pouvait m'arriver dans la vie aurait été de ne plus la voir, de ne plus pouvoir lui parler, qu'on n'ait plus de contact. Qu'on me change d'école, qu'on me donne une famille d'accueil de marde, que ma mère m'abandonne pour de bon, ça, j'aurais pu dealer avec. Mais pas perdre Jade. On était tout petits et je l'embrassais tout le temps à la garderie jusqu'à ce qu'une éducatrice me dise d'arrêter. Je ne vois pas ce que je faisais de mal. Jade aimait ça elle aussi. Elle était ma seule stabilité. Ce que j'avais de plus précieux.

Parfois, il m'arrivait de sombrer, de chialer comme une petite fille juste à penser la perdre. Les scénarios que je me faisais dans ma tête allaient d'une simple chicane (genre quelque chose que je lui dirais qui lui ferait tellement de peine qu'elle ne voudrait plus me parler) à un accident de voiture qui la tuerait.

Ou encore, je pensais à un autre gars. Celui qu'elle rencontrerait un jour et qui prendrait ma place auprès d'elle. Et dans mes désirs impossibles, ce gars, c'était moi. Mais comment pouvait-elle tomber amoureuse de moi? Elle me considérait comme son frère. Enfin, c'est ce que je croyais.

Jade. Je me levais en pensant à elle et me couchais en nous visualisant dans une belle maison avec des enfants et un frigo bien rempli. Ma Jade.

J'imaginais sa peau, toutes les parties de sa peau que je ne pouvais voir en tant qu'ami. Parce que oui, ça allait jusque-là. Mais jamais je n'aurais eu ces images en face d'elle. Elle aurait détecté mon regard amoureux. Elle aurait senti mon désir. Alors quand on était ensemble, je m'efforçais d'agir en ami. Et si j'avais peur de ne plus y arriver, je lui tournais le dos pour qu'elle ne voie pas mes yeux la dévorer.

On a mangé un macaroni en boîte, extra saucisses Lafleur, devant un bon vieux film d'horreur, comme dans le temps.

J'ai oublié Marius. Elle a oublié son témoignage en cour.

4

J'en étais au jour deux de mes travaux communautaires. Pourquoi ne m'avait-on pas confié quelque chose de plus excitant? J'aurais pu être envoyé sur les rives du fleuve pour un grand nettoyage, faire marcher des chiens pour un refuge, ou distribuer de la bouffe dans un centre pour SDF. Non. Il avait fallu qu'on me pitche dans une résidence d'aînés et que je subisse le supplice du vieux crisse!

La responsable m'attendait pour l'explication de mes tâches. Je m'y suis rendu en skate, à plein régime pour arriver vidé et en meilleure condition mentale.

— C'est simple, monsieur Larochelle a besoin de prendre l'air. Ce sera à lui de choisir entre une promenade dans le quartier, une plus longue marche vers le parc ou une partie de cartes dans la balançoire dans la cour.

— Et s'il veut rien faire?

— Tu choisiras pour lui.

«Tu choisiras pour lui», ben oui! Je ne pouvais pas croire qu'elle voyait ça si simple.

J'ai frappé à la porte de son appart. Une fois. Deux fois. Trois fois. Aucune réponse. J'ai tourné la poignée, ouvert. Marius était en train de lire le journal à la table de cuisine. Il ne réagissait même pas à ma présence.

— Bonjour, monsieur Larochelle, on va prendre l'air aujourd'hui.

Bon, c'est clair que je n'étais pas doué pour communiquer avec des grands-pères. Je lui parlais comme on s'adresse à un enfant de deux ans. Je m'en suis bien rendu compte en le faisant. Mais au moins, j'étais gentil.

Il a baragouiné quelque chose que je n'arrivais pas à comprendre.

— Qu'est-ce que vous dites?

— J'ai dit, je m'appelle Marius.

— Je peux pas vous appeler Marius, c'est pas poli.

— Qu'est-ce qu'y a de pas poli à m'appeler par mon nom?

— Marius, c'est votre prénom. J'ai quinze ans, et vous, vous...

— Et moi, j'ai soixante-seize ans. Pis? Appelle-moi Marius pis moi je vais t'appeler...

Croyant enfin établir le contact, je lui ai répondu tout souriant:

— Malik.

— Tu viens d'où, avec un nom d'même?

— J'habite dans Hochelag.

— C'est où ça Hochag?

— Pas Hochag, Hochelag. C'est le quartier pas loin d'ici, Hochelaga-Maisonneuve.

— Hochelag. Pourquoi t'appelles ça Hochelag? De toute façon, j'veux pas savoir où t'habites, je veux savoir d'où tu viens.

— J'habite à Hochelag, et je suis né à Hochelag.

— Malik, c'est pas de souche.

— Mon nom, c'est Malik Michaud. Mon père est originaire du Maroc. Y'est mort quand j'avais deux ans. Je porte le nom de famille de ma mère. Faque si vous voulez savoir si je suis québécois, je le suis autant que vous avec votre prénom qui sonne pas tellement plus de souche.

— Ha! Ha! Tu me fais rire, Manik.

— C'est pas Manik, c'est Malik.

— Es-tu déjà allé au Maroc?

— J'habite dans un trois et demie avec une mono qui a deux jobs. Pensez-vous vraiment que j'peux me payer un billet d'avion pour le Maroc?

— Mais t'aimerais ça y aller?

— Un fou d'une poche!

— Ça veut dire oui?

— C'est clair! Un jour. Y paraît que le petit village d'où venait mon père est pas mal chill.

— C'est quoi «chill»?

— C'est comme «nice».

— Tu veux dire beau?

— Genre.

Le prénom Marius me disait quelque chose. Je me suis vaguement souvenu d'un film.

— Marius… y'a pas un personnage de film avec ce nom-là ? Un film que ma mère regarde souvent, genre, avec un nom de fille aussi.

— C'est *Marius* et puis *Fanny*, et c'est d'après l'œuvre de Pagnol, un Marseillais. Mais je viens pas de Marseille pantoute !

— Ah oui, c'est ça, *Marius* et *Fanny*. Me semblait bien que Marius c'était français. Ma mère pleure tout le temps quand elle écoute ça.

— La belle Fanny est secrètement amoureuse de Marius, pis lui aussi, mais ils se l'disent pas. Quelle perte de temps ! a-t-il ajouté comme s'il parlait de vrai monde dans la vraie vie.

— Mais Fanny, elle sort pas avec un vieux dans ce film-là ?

— Oui, mais ça, c'est juste pour rendre Marius jaloux. Ça devrait pas être si compliqué que ça l'amour. Moi, avec ma douce Henriette, ça a toujours été si facile. Je l'aimais, elle m'aimait, pis c'est toute !

— Elle est où, votre Henriette ?

J'étais au courant qu'elle était morte, mais j'ai fait semblant. Je savais qu'il avait de la peine, mais puisque je ne la connaissais pas, c'était difficile pour moi d'être empathique.

— Au paradis, mon Manik.

— Heille Manius, faisant exprès de massacrer son prénom à lui aussi, mon nom c'est Malik.

M-A-L-I-K, épelant mon nom comme une maîtresse de première année.

Ne saisissant pas mon sarcasme, il m'a repris à son tour :

— Mon nom c'est pas Manius, c'est Mar…

En le disant, Marius a réalisé que je me moquais de lui.

— Ha ! Ha ! T'es un p'tit comique, toi ! D'ailleurs, qu'est-ce que tu fais chez nous ?

— Mes travaux communautaires. J'ai quarante heures à faire. Ben là, trente-huit et demie.

— Quarante heures ! Tu penses quand même pas que tu vas faire tout ce temps-là avec moi ?

— Ç'a d'l'air que oui. Pis là, tout de suite, on va aller faire un tour, ordre de madame Beaupré.

— Est fatigante, elle, avec ses marches. Qu'a me laisse donc tranquille. J'vais à la cafétéria le matin pour aller déjeuner, le midi pour aller dîner et en fin de journée pour aller souper. Ça doit ben faire cinq mille pas, ça ! Pis j'fais du vélo stationnaire. Je lève même des poids. R'garde !

Marius a exhibé ses biceps, plutôt gonflés pour un vieux.

— Mais ça vous fait pas prendre l'air, ça !

— Moi, c'est comme ça que j'prends l'air.

Marius s'est mis la tête au-dessous de la hotte de poêle, a pesé sur « On » et a inspiré profondément.

— O.K. C'est clair. Vous voulez rien savoir. Mais moi j'ai des travaux communautaires à faire, pis c'est avec vous qu'il faut que je les fasse.

— Reste ici. Fais tes affaires. Tu diras que tu m'as tenu compagnie. Un moment donné, ça va faire quarante heures, pis ce sera fini.

— Wow ! Ça va être agréable !

— Aimes-tu mieux faire de la prison ?

— Ben là ! Je ferais pas de prison à mon âge. Y vont juste me changer de vieux. Mais y faut que je passe deux semaines minimum avec vous.

— Achale-moi pas pour jouer aux cartes ou faire des promenades de pépère, pis je vais dire que t'as fait ta job.

— Si vous le prenez d'même !

J'avais pensé que mes travaux communautaires dureraient mille ans, mais je m'étais trompé. Ils dureraient l'éternité.

Marius a ouvert sa télé sur le réseau des sports où était diffusée une partie de golf. J'ai quand même essayé d'amorcer une conversation.

— Vous jouez au golf?

— Non.

— Vous avez déjà joué au golf?

— Non.

— Vous aimez regarder le golf?

— Non.

5

Aucune nouvelle de Jade depuis sa convocation en cour. J'étais rarement plus de quelques heures sans avoir au moins un texto de sa part. Le petit hamster se faisait aller dans ma tête. Ça y est, elle avait trouvé quelqu'un à qui parler, quelqu'un qui lui donnait de meilleurs conseils que moi. Et ce quelqu'un était sûrement plus cute, plus découpé et plus allumé que le vulgaire ado plein d'eczéma que j'étais.

Je l'ai textée avec le cell de ma mère :

> Allô, girly. Vas-tu bien ?
> Comment ça s'est passé ?

Elle a mis quelques minutes à me répondre.

Mal ! J'ai fait une crise…

> Une crise ? ? ? On peut-tu s'voir ?
> Rejoins-moi au Tim

OK

Jamais vu Jade aussi débraillée. Ce n'était pas son genre. Normalement, on pouvait imaginer qu'une machine à steam la suivait partout. Je soupçonnais qu'elle soit une addict du fer à repasser même si je ne l'avais jamais vue à l'œuvre. Cette journée-là, on pouvait détecter une petite tache sur son hoodie et ses cheveux étaient gras.

— Ça va pas, toi !

— Des parents des fois, c'est pénible. J'e peux pas croire qu'y se chamaillent en cour pour essayer de me montrer qui serait le meilleur pour mon éducation. C'est juste de la vengeance. De la fucking vengeance. Y se servent de moi et y me font vraiment chier.

— Comment ça s'est terminé ?

— T'aurais dû me voir. T'aurais pas cru ça. J'me suis mise à hurler en pleine cour leur disant que c'étaient eux les enfants, pas moi. J'ai gueulé que je voulais plus jamais les voir. Je pouvais pas m'arrêter de brailler. On m'a sortie de la salle. C'est une femme que j'connais même pas qui m'a consolée dans le corridor. Pour l'instant, j'vais habiter chez ma grand-mère. Elle non plus, elle en revient pas que son fils soit aussi immature.

— Elle habite loin d'ici !

Là, mon cerveau faisait des backflips. Alors que je venais enfin de me rapprocher géographiquement de Jade en revenant vivre chez ma mère, cette fois, c'était elle qui s'éloignerait.

— Je sais. Je vais devoir me taper des heures de bus pour aller à l'école. Mais j'aime mieux ça que de vivre avec une mère qui parle en mal de mon père ou chez un père qui ramène plein de femmes à son appart.

— Mettons qu'on a pas gagné le jackpot des parents les plus nice !

— Oh que non !

Jade dévorait son beigne au chocolat à la crème Boston. Même quand elle se bourrait la face, elle le faisait avec style et, dans ma tête, il y avait presque une petite musique cochonne. Je me suis ressaisi et lui ai fait une proposition.

— Ça te tenterait pas qu'on parte quek part ?

— Qu'est-ce que tu veux dire ?

— Qu'on se pousse, tous les deux. Juste nous deux.

— Qu'on fugue ?

— Ouin, qu'on fugue. On est assez vieux pour se débrouiller tout seuls. C'est ce que je fais depuis toujours.

— On va faire comment pour payer un appart, notre bouffe, pis le reste ?

— On va work, comme tout le monde.

— Malik, t'es cute, mais tellement pas réaliste. On a quinze ans. Je laisserai pas mes parents gâcher ma vie parce qu'ils sont immatures. J'veux continuer l'école. J'adore l'école. Quand j'apprends, j'pense à rien d'autre. Tu l'sais que j'veux devenir doc. Je l'ai dans tête. Pis, pour avoir des grosses bourses, va falloir que je pète des scores. C'est pas mes parents qui vont pouvoir me payer ça avec leur salaire de B.S.

Ca y est ! Elle me prenait pour un flo. Se faire dire « t'es cute » par la fille que tu désires, ce n'était pas bon signe. Mais c'était plus fort que moi. Je poursuivais dans mon idée de fuguer avec elle.

— Ouin. Ben moi, j'pourrais travailler pour deux. J'haïs l'école. J'vais m'pogner une job payante pis on va se débrouiller. On pourrait se marier. J'en connais qu'y ont fait ça pour les prêts et bourses.

Jade a lâché un soupir. Elle me trouvait naïf probablement, même innocent rare. Elle a changé de sujet.

— Toi, comment ça se passe avec tes travaux communautaires ?

— J'dois réussir à faire au moins deux semaines avec un vieux crisse qui se contrefiche de moi. Après, y vont me switcher de vieillard, pis j'espère tomber sur une bonne grand-mère qui va me ravitailler en paparmanes.

— C'est quoi le problème avec ton vieux ?

— Y'est pas du monde pis y'est bizarre. Y dort devant la photo de sa femme qui est morte l'année passée.

— Pauvre lui ! Ça fait pitié, tu trouves pas ? Y'est en peine d'amour. Donne-lui une chance.

Oups ! Erreur de jugement ici. Je ne voulais surtout pas qu'elle pense que j'étais froid devant l'amour, le vrai. Celui qui dure toute la vie. J'y croyais, moi, à cet amour, mais juste avec elle et seulement elle.

— Mais, y'est quand même pas obligé de faire chier tout le monde autour de lui !

— Tu veux un truc ? Moi, j'fais toujours ça avec les airs bêtes. J'suis deux fois plus gentille qu'à l'habitude. Ça les déstabilise complètement, pis ils ont pas le choix de se calmer.

— Mais toi, t'es une fine naturelle. Une douce. Une parfaite.

— Pis toi, tu serais pas un peu bougon comme lui ? C'est pour ça que tu peux pas le sentir. Vous êtes peut-être pareils ?

C'est vraiment comme ça qu'elle me percevait ? Un chialeux de la pire espèce ?

— Bon, bon, prends pour lui. Ça paraît que tu l'as pas rencontré.

— Tu l'as vu combien de fois ?

— Deux.

— Pis tu penses que tu l'connais ? Malik, mets-toi juste cinq minutes à sa place pis essaie de l'comprendre. J'te l'dis, ça va bien aller.

— O.K. De toute façon, j'ai pas le choix. Chus pogné avec comme un boulet attaché ben solidement après ma cheville.

— T'exagères. Et avec ta mère, comment ça se passe ?

— Je la vois pas souvent, elle travaille tout le temps. Je vérifie partout dans maison, presque chaque jour, pour être certain qu'elle cache pas un quarante onces de gin.

— T'as peur à ce point-là qu'elle recommence ?

Bien évident que j'avais peur. J'essayais d'avoir confiance en me convainquant que cette fois serait la bonne. En même temps, pourquoi cette cure fonctionnerait alors que les autres n'avaient rien donné ? Jade m'encourageait en me disant que cette fois, ma mère avait l'aide de toute une équipe de pros.

Je savais que mon attitude serait importante pour la réussite de ce traitement, mais il n'était pas question que je me sente responsable. Je voulais avoir vingt ans, l'autonomie d'un adulte, mais j'en avais juste quinze. Juste quinze ans, bordel !

Jade a insisté sur le fait que ma mère devait ressentir que je croyais en elle, et que cette cure serait enfin la bonne.

Psychologue. Voilà ce qu'elle aurait dû viser au lieu de la médecine. Ou psychiatre. Elle avait un don pour s'occuper des autres, trouver les mots justes. Je lui avais donné rendez-vous pour lui remonter le moral et c'est elle qui m'encourageait. Elle disait toujours : le temps que j'écoute les problèmes des autres, je ne pense pas aux miens.

— J'ai le goût d'un deuxième beigne, moi. Toi ?

6

Samedi matin, onze heures. Difficile de me sortir du lit parce que je savais trop ce qui m'attendait. Je devais aller passer quelques heures avec Marius. Je comptais bien mettre en application les conseils de Jade pour interagir avec le vieux, mais je ne possédais pas la bonté naturelle de ma chum.

Une odeur plutôt buzzante m'a finalement éjecté du lit. Cette odeur me rappelait des moments précis. Ces samedis où j'arrivais à oublier que dans quelques jours je vivrais chez des inconnus. Ces samedis où je revenais à la maison après des mois dans une famille qui m'était étrangère. Ces samedis où seule l'odeur comptait, plus rien d'autre n'existait à mes yeux. Ça sentait les crêpes ! Cette odeur réconfortante. Une odeur rassurante parce que si on prend la peine d'ouvrir un livre de cuisine taché de gras, qu'on sort tous les ingrédients du garde-manger, qu'on les mélange et qu'on verse une louche de cet épais liquide dans une poêle bien chaude pour en faire des crêpes, c'est qu'on croit que tout va bien. Qu'on peut se donner l'illusion qu'on a une vie normale! Une vie que tous les petits garçons de six ans, huit ans ou dix ans devraient avoir sur terre. Ajoutez à cela une mer de sirop d'érable, c'est le comble du bonheur. Le bonheur à l'état pur. Pur comme le sirop d'érable.

Une vie de crêpes…

Surpris, puisque en général ma mère faisait des ménages chez des clients les samedis, je suis allé voir à la cuisine et j'ai aperçu une belle assiette débordante.

— Maman? T'es pas à job?

— Non, j'ai congé. Les Demers sont en vacances. Leur maison a pas besoin de ménage cette semaine.

J'avais déjà commencé à engloutir une première crêpe.

— Miam! C'est good.

J'ai remercié ma mère et l'ai embrassée sur la joue.

— Tu fais quoi aujourd'hui?

Elle ne me demandait jamais ça. Et je ne me rappelais pas la dernière fois où elle avait sorti son livre de recettes. Je n'avais que le souvenir olfactif des crêpes, mais impossible pour mon cerveau de lui accoler une date.

— J'm'en vais faire mes travaux communautaires avec mon vieux, pis après, j'vais chiller avec Fred et Sam au skatepark.

— Tu comptes revenir vers quelle heure?

— Don't know. Pourquoi?

— Juste pour savoir.

— Ça se peut que je soupe chez Sam pis qu'on jamme. J'ai composé une nouvelle toune pis j'veux qu'y m'fasse un beat.

J'allais ramasser mon assiette et faire la vaisselle, mais elle m'a dit de laisser faire, qu'elle allait s'en occuper. Ça faisait du bien de la sentir légère, sans rush. Toutefois, son « juste pour savoir » me rendait perplexe. Elle ne me demandait jamais quelque chose « juste pour savoir ». Quand elle s'adressait à moi, c'était surtout pour des recommandations ou des directives.

J'étais peut-être parano. Moi aussi je devais pratiquer ma légèreté. Relaxe, Malik. Relaxe. Ta mère te fait des crêpes et tu n'as même pas besoin de ramasser ton assiette. Qu'est-ce que je pouvais demander de mieux à la vie?

— Va voir ton monsieur, et arrête de l'appeler « mon vieux ». Fais ça comme il faut. C'est important.

— Oui, maman. Compte sur moi.

Elle m'a tendu un vingt.

— Et tiens, pour ta semaine. À toi de t'en garder pour le Subway du vendredi.

— T'es sûre? Tu feras pas de cash aujourd'hui.

— T'inquiète, les Demers m'ont donné une petite augmentation.

Je l'ai serrée dans mes bras.

— Merci, ma belle maman d'amour. J'vais me chercher une job dans les prochains jours. Y a plein d'endroits qui prennent des jeunes à partir de quinze ans, y paraît.

— C'est l'école qui compte, Malik. Si tu trouves quelque chose, tu dois pas travailler plus qu'une dizaine d'heures par semaine. O.K. ? Ça te tente sûrement pas de faire des ménages comme moi toute ta vie, hein ?

— Byyyyyye là !

Non ! Je n'embarquerais pas pour une millième fois dans cette discussion. Un jour ou l'autre je lui répondrais que, justement, je n'avais vraiment pas l'intention de finir comme elle. Et ça sonnerait inévitablement méchant. J'étais de bonne humeur à cause des crêpes et je voulais rester sur cette vibe de journée de crêpes. De vie de crêpes.

Rassasié et souriant, je me suis pointé à la résidence et j'ai frappé à l'appartement 402. Aucune réponse. Une deuxième fois. Toujours rien. Je savais que le vieux était là, la fille à la réception me l'avait confirmé. Il venait juste de monter après son dîner et de toute façon, il ne sortait jamais.

Je suis entré sans attendre qu'il m'ouvre. Marius était dans son fauteuil, les yeux fermés, écouteurs sur les oreilles, une méchante bonne paire de Bose qui devait coûter un bras.

Je ne lui ai donné aucun signe de vie et me suis évaché sur le sofa. Je l'ai imité en mettant mes écouteurs à moi, achetés au Dollarama, pour écouter le dernier album de Loud. Mais j'ai fini par m'endormir. C'est une sensation bizarre qui m'a réveillé. Marius tenait une bouteille et me vaporisait de l'eau en pleine face.

— Heille, t'es malade !

Je bouillais. Je me retenais pour ne pas le frapper. Comme si j'étais en train de mourir, le film de ma courte vie défilait devant moi. Je ressassais tous les événements depuis ma naissance, tout ce qui avait pu me mener à lui. Naître dans une famille pauvre, un quartier pauvre, un père immigrant qui meurt trop vite, une mère poquée, prise toute seule à élever un enfant. Pas d'argent, jamais d'argent, pis voler pour un crisse de Subway.

Marius riait. Il trouvait ça vraiment drôle. Je ne l'avais jamais vu sourire, encore moins rire aux éclats. Il en perdait même son dentier.

— J'te ferai remarquer que t'es chez nous, que tu dors sur mon sofa et qu'y'a personne qui t'a ouvert la porte à ce que je sache.

— Ben oui, mais vous répondez jamais.

— J'ouvre pas parce que je veux voir personne.

— Vous l'savez, c'est mes travaux communautaires. Vous m'avez dit que si je vous achalais pas, vous alliez me laisser faire mes heures.

— T'as raison. L'eau, c'était juste pour te réveiller.

Marius s'est remis à rire de plus belle. J'avais eu le temps d'effacer de mon cerveau l'image de moi en train de le cogner. De toute façon, cette image de l'ado qui fesse un vieillard, ça ne me faisait pas de bien.

Tout en m'essuyant, j'ai essayé d'amorcer une conversation.

— Qu'est-ce que vous écoutiez ?

— D'la musique.

J'ai soupiré de découragement. Et il a continué.

— Ben quoi ? Ça aurait pu être la radio, un livre audio, une séance de méditation ou un podcast.

— Vous connaissez ça, vous, les podcasts ?

— Chus pas un arriéré. T'as l'air de croire que parce qu'on est vieux, on est automatiquement out !

— Ben non, j'pense pas ça. Mais c'est pas votre génération, c'est toute !

— Pis toi, qu'est-ce que t'écoutais ?

— Du rap.

— Du rap. C'pas d'la musique, ça !

— Pis c'est vous qui me disiez y'a trente secondes que vous étiez pas arriéré ! Du rap, c'est d'la musique. Chacun ses goûts. That's it !

J'ai attrapé ses super Bose pour écouter ce qui en sortait.

— Du classique. J'aurais dû m'en douter. Vous faites tellement classique.

— Qu'est-ce que t'as contre la musique classique ? C'est pas n'importe quel classique. C'est du Bach, *Prélude de la 1re Suite pour violoncelle seul.* C'était la pièce préférée de ma Henriette.

En me répondant, Marius a lâché un pet d'une puanteur indescriptible. Je n'arrivais pas à cacher mon haut-le-cœur.

— Là, mon p'tit Magic... a dit Marius en massacrant une fois de plus mon nom.

Mais je l'ai interrompu avant même qu'il aille plus loin.

— Bon ! Magic asteure ! C'est Malik, mon nom. Me semble que c'est pas si compliqué que ça à apprendre un prénom de cinq maudites lettres !

Mon exaspération haussait solidement le ton de ma voix.

— Malik, Manik, Magic, toute du pareil au même. J'ai jamais entendu ce nom-là de ma vie. Comment tu veux que j'm'en rappelle ? Capucin. Ça fait-tu ton affaire comme nom, Capucin ? C'est comme ça que j'appelle tout le monde parce que j'ai pas la mémoire des noms, surtout des noms bizarres.

— Capucin ? Comme les singes ?

— Ouin, comme les singes ou comme les oiseaux. Et il a poursuivi avant que je l'interrompe : Là, Capucin, ça va être le temps de te rendre utile.

Bon, enfin ! Il se décidait à me confier des corvées. J'étais prêt à l'écouter, mais un peu déconcentré par l'odeur de sa flatulence qui flottait encore. Et il y est allé de sa demande.

— Faudrait que tu changes ma couche.

— Whaaaaat ? Pas question que j'touche à ça. Ça fait pas partie d'mes tâches !

— Tant pis, mon p'tit bonhomme. Si tu m'aides pas à me laver et à me mettre une couche propre, je vais dire à madame Beaupré que tu me désennuies pas pantoute pis que tu écoutes ta musique sans jamais m'adresser la parole.

Vieux crisse de dérangé ! me suis-je dit tout haut… dans ma tête.

— Vous m'f'rez pas ça.

— Tu m'connais mal.

— Ça, c'est vrai. J'vous connais ben mal. Je pensais jamais que vous me demanderiez une affaire de même. Je savais même pas que vous étiez incon…

Je n'arrivais pas à trouver le mot qui veut dire qu'on ne peut pas se retenir.

— In-con-ti-nent ! s'est amusé Marius à bien articuler avec une sorte de fierté. Va me chercher des bobettes propres dans ma chambre pis viens me rejoindre dans la salle de bain.

J'ai toujours eu le cœur sensible. Je n'osais même pas m'imaginer changer la couche d'un vieil inconnu sans vomir. Mais j'avais la chienne que Marius mette ses menaces à exécution. Je ne voulais pas augmenter mes heures de travaux communautaires. Dans ma tête, je le traitais de tous les noms. Juste dans ma tête. Encore dans ma tête. « Esti de pervers, de loser, de vieux tabarnak ! »

Dans le tiroir de la commode se trouvaient un chapelet, des brassières vraiment pas sexy et une photo d'Henriette. J'ai attrapé une paire de bobettes blanches, du bout des doigts. En fait, elle tirait plus sur le jaune et son élastique était en fin de vie. Je me dirigeais vers la salle de bain, presque à reculons. L'odeur s'était répandue partout dans l'appartement.

Marius exposait ses bobettes sales qu'il venait d'enlever et le cœur me levait. Il continuait de lâcher des fiouses. Le son et la puanteur mis ensemble me donnaient des frissons. Un épais liquide brunâtre coulait le long de ses cuisses. Si l'enfer existe, il était là. C'était ça le fameux bootcamp. De la torture. J'étais un martyr.

— Tiens, Capucin, une débarbouillette. Aide-moi. Le savon est là.

— J'peux pas faire ça.

— Oui, tu peux ! Sinon…

— Sinon, je sais… Esti, donnez-moi des gants au moins.

Je voulais vomir, brailler, me pousser, crier. Mon cerveau se désintégrait et je m'efforçais qu'il envoie le message à mon corps pour en faire de même.

— J'ai juste des gants d'hiver.

— Vous me niaisez, câlisse? Avez-vous des sacs de plastique?

— Non, jeune homme. J'ai pas ça, des sacs de plastique. C'est pas parce que je suis à veille de crever que j'fais pas attention à l'environnement.

Mettons que l'impact environnemental négatif du plastique et le sort de la planète n'étaient pas dans le top de ma liste de causes à défendre à ce moment précis.

— Attendez-moi, je vais aller demander à madame Beaupré si elle en a.

— Nooooon! a hurlé Marius. Pas besoin. Approche. Sens.

— T'es vraiment un vieux pervers débile!

— Sens, j'te dis!

Marius a rapproché les bobettes de mes narines. Il prenait clairement son pied à m'humilier. Sur le bord de m'évanouir, j'ai réalisé que l'odeur ressemblait plus à celle d'une barre Mars qu'à de la merde. Je me suis rendu compte que l'âge d'or m'avait joué un tour en beurrant généreusement son fond de culotte d'un mélange de chocolat fondu.

Marius a sorti son cell de sa poche et a pris une photo de moi : une face d'ado en panique d'être passé proche de laver de la shit de vieux et complètement sous le choc de dealer avec un trou d'cul aussi fêlé.

Il m'a montré la photo et s'est mis à rire encore plus.

— Tiens, c'est de ça que t'as l'air. Un chevreuil devant les lumières d'un dix roues sur la 117.

— Je te dirais plus que c'est ma face de gars en tabarnak!

— Wô! Wô! Wô! On sacre pas devant ma Henriette!

— Ta Henriette est dans terre. Elle s'en crisse complètement.

— Non, r'garde, elle est juste là.

Marius a pointé un vase sur le comptoir de la salle de bain et il a poursuivi:

— Elle est là-dedans. C'est elle qui voulait se tenir à cet endroit précis. Elle disait qu'elle serait bien dans les toilettes, avec un peu d'humidité. Quand elle avait un chat dans la gorge, elle faisait couler l'eau chaude dans la douche et le chat disparaissait. Faque, Capucin, elle a tout vu et elle doit ben rire.

Morbide! C'était trop morbide d'avoir ses cendres là, devant nous. Un frisson a envahi mon corps.

— Fuck, man, elle devait être aussi crackpot que toi, ta femme.

Je tutoyais maintenant le troisième âge. Après ce qu'il m'avait fait, c'était legit.

— Heille, tu peux me traiter de tous les noms, mais jamais parler en mal de ma douce.

Je ne savais sérieusement plus quoi répondre à ce vieux psychopathe. Pire connerie ever ! Je suis sorti de la salle de bain et j'ai essayé de reprendre mes esprits. J'ai réfléchi et j'en suis venu à la conclusion que si je restais une heure de plus avec lui, j'allais devenir fou raide. Madame Beaupré serait compréhensive si je lui racontais tout. Elle me changerait de senior même avant la fin de mes deux semaines.

Marius a enfilé les bobettes propres. Il s'est posté devant moi et m'a dit :

— C'était du Chocolats Favoris. Tsé, celui du p'tit Gino, le gars à TV le matin. Y'a une chocolaterie, lui. Tu l'savais ?

— Si tu savais comme j'm'en contre-câlisse !

— En veux-tu, y'en reste.

J'ai levé les yeux, et aperçu la boîte de conserve que Marius me tendait. J'hésitais entre hurler, pleurer ou... rire. Marius trempait son doigt dedans et se le foutait dans la bouche en suçant le chocolat. Le son que ça faisait. À faire dégueuler !

— Miam ! C'est du 72 % avec fleur de sel. Le préféré d'Henriette. Y'a rien de mieux que le sucré-salé. Allez, prends-en !

— Y'a deux minutes, j'croyais que c'était ta marde, penses-tu vraiment que j'ai envie d'en manger ?

Réfléchissant à la phrase complètement absurde que je venais de dire, j'ai pas pu m'empêcher de m'esclaffer. Ça s'est transformé en un fou rire incontrôlable qui me donnait mal au ventre. Marius m'a accompagné de son rire rauque et jubilait.

— En tout cas, mon Capucin, t'as passé le test. J'en reviens pas que t'étais prêt à me laver le derrière. On est intimes, asteure !

Et il s'est mis à rire de plus belle.

— On est pas intimes pantoute ! J'avais juste pas le choix. T'aurais dit je sais pas trop quoi à madame Beaupré, pis elle m'aurait ajouté plein d'heures.

— Penses-tu vraiment que j'aurais fait ça, bonhomme ? En passant, c'est correct que tu me tutoies.

— Je vois pas comment je pourrais te vouvoyer après ce que tu viens de me faire !

J'étais épuisé. Je vivais la situation la plus démente de ma vie. Vivement le skate avec les chums pour me défouler.

* * *

Une bonne heure super intense à pratiquer mon three flip avec Fred et Sam m'aiderait à oublier ma journée complètement surréaliste. Je voulais raconter à mes chums ce que le vieux me faisait endurer, mais ils étaient occupés sur leur cell. Et ils ne se privaient pas devant moi, même s'ils savaient très bien que je ne pouvais pas m'en payer un. La même image qu'un grand twit qui mange un cornet de crème glacée devant son petit frère et qui ne lui en donne même pas une lichée. Il fallait vraiment que je me trouve une job pour m'en payer un à moi.

— Les gars, vous êtes plates. Ça vous tenterait pas de regarder votre Instagram plus tard ?

— Je te donne mon ancien, si tu veux, m'a offert Fred. Quand tu viendras chez nous, tu pourras au moins utiliser le wifi pour aller sur Insta.

Je regrettais un peu mes mauvaises pensées sur l'égoïsme de Fred. Le père Noël venait de passer.

— Nice ! On s'en va chez vous le chercher pis on va faire un peu de musique.

Après deux tounes, j'étais épuisé. J'ai préféré partir. Avoir su ce qui m'attendait ! J'ai compris pourquoi ma mère m'avait demandé, le matin, quels étaient mes plans pour la soirée. Ma paranoïa était totalement fondée !

Je suis entré et j'ai entendu un gros bruit, comme quelque chose qui tombait, quelque chose de lourd.

— Ça va, maman ?

Aucune réponse.

Un rire qui n'était pas celui de ma mère venait de sa chambre. Un homme était par terre à côté du lit, nu comme un ver, bien bandé. Maman essayait de se cacher avec les couvertures.

— Qu'est-ce que tu fais là, Malik ? Me semble que tu devais pas rentrer si tôt ?

Voilà ! Le chat sortait du sac. Elle voulait baiser en paix avec je-ne-sais-trop-qui.

— J'vois que j'dérange.

Le mec s'est levé, a enfilé ses jeans en vitesse, a sorti une couple de vingt et les a garrochés sur la table de nuit. Ma mère m'a regardé et m'a lancé, la face rouge comme une tomate :

— C'est pas c'que tu penses !

Le tapon lui a gueulé :

— La prochaine fois, pitoune, arrange-toi donc pour qu'on soit pas dérangés par ton p'tit morveux ! T'es même pas tant chick en plus !

— Reprends ton argent si t'es pas content, lui a répondu ma mère.

Et le gars a déguerpi.

Je suis allé m'enfermer dans ma chambre. La honte et la pitié me rongeaient. Elle frappait à ma porte en insistant pour qu'on discute. Je ne m'étais jamais senti dans cet état-là. J'ai hurlé à mort et tout cassé. J'ai crissé un coup de poing dans le miroir. Le sang pissait partout. Le disque dur de mon cerveau ne pouvait pas enregistrer la scène qui venait de se dérouler devant mes yeux. En même temps je n'arrivais pas à deleter.

Elle est entrée.

— Malik ! Montre-moi ça ! T'es blessé. Faut aller à l'hôpital.

— Crisse-moé la paix ! Chus correct. Sors de ma chambre !

— Malik…

— Sors, j'te dis !

Je l'ai poussée. Une première pour moi. Je n'avais jamais été violent avec ma mère. Ni avec qui que ce soit d'ailleurs. Juste dans ma tête. Encore dans ma tête.

J'ai enroulé mon drap autour de ma main pour arrêter le sang.

Je voulais texter Jade. J'avais besoin d'elle. Mais je n'irais quand même pas chercher le cell de ma mère. C'était une pute et lui, un mother fucker dans tous les sens du terme ! J'allais lui redonner son vingt, maintenant que je savais d'où il provenait. Dégueulasse !

Une job au plus vite, please !

7

Le lendemain, je suis parti avant même que ma mère se lève. Je voulais éviter de la croiser. En ce dimanche, je ne savais que faire de ma peau. Jade était chez sa grand-mère à plusieurs kilomètres et, non, je ne me pointerais pas chez les gars. Encore frustré, je me serais probablement échappé devant eux et je ne voulais pas qu'ils apprennent que ma mère baisait avec des hommes pour du cash.

Et pourquoi ne pas aller visiter Marius ? Ça faisait un peu loser de n'avoir rien d'autre à faire ou personne d'autre que lui à voir, mais rouler une couple de kilomètres en skate allait m'aider à me calmer.

La salle commune grouillait d'action. Ça parlait fort, ça gueulait même. J'essayais d'observer autour de quoi ou de qui les vieux étaient attroupés. En m'approchant, j'ai aperçu un clown qui se tiraillait avec un homme. Cet homme, c'était Marius. Comme dans une cour de polyvalente, tout le monde criait, mais personne ne réagissait. Le clown, en ridicule costume gonflé fluo, tenait fermement les bras de Marius. Je voyais bien que quelque chose clochait. Mon vieux essayait de se dégager, mais le clown serrait encore plus fort. J'ai agrippé Bozo par-derrière en lui gueulant directement dans l'oreille que c'était un chien sale de s'en prendre à un vieillard sans défense. Dès que Marius a réussi à se libérer, il en a profité pour foutre un coup de pied bien placé, direct dans les couilles du p'tit comique. J'ai évidemment lâché le gars qui cherchait son air. Le gardien de sécurité est enfin arrivé et a demandé des explications. J'ai trouvé ça vraiment chien parce que tous les résidents prenaient parti pour le clown et hurlaient que c'était la faute de Marius. Je me doutais bien qu'il n'avait pas dû être très agréable, mais ce n'était peut-être pas une raison pour le stooler.

J'ai fait signe au gardien que je m'occupais de lui. Je l'ai emmené dehors. J'ai attendu qu'il se calme avant de lui demander des explications à mon tour.

— C'était quoi c'bordel?

— Ils nous prennent pour des débiles dans c'te crisse de résidence-là. C'est pas parce qu'on est vieux qu'on est tous r'tombés en enfance. Un clown, esti! Un bouffon. J'aurais dû le knocker comme y faut.

— Calme-toi, Marius, tu vas te taper une crise cardiaque.

— T'as vu ça comment j'y ai coupé le souffle ?

— Oui, oui. J'ai vu ça. Mais pourquoi y te t'nait les bras d'même ?

— Pour rien. J'suis juste allé le voir pour lui dire de sacrer son camp, qu'on était pas des enfants d'école. Y'a pogné les nerfs, pis j'l'ai poussé. Juste un petit peu. Vraiment pas fort. Tsé, j'suis vieux, pis… pas fort.

— Ben oui, « pas fort ». Niaise-moi pas ! Depuis toutes ces années que tu joues avec des haltères, chus pas mal sûr que t'as une bonne droite !

— C'est un pitre insignifiant qui nous prend pour des caves.

— Ouin, mais c'est pas de sa faute à lui. C'est le responsable des activités de ta résidence qui vous gère comme des attardés.

— Es-tu en train de m'dire que je devrais foutre un coup de pied au cul au jeunot qui s'occupe des loisirs ?

— Wô ! Du calme ! Peut-être juste aller lui expliquer ton point de vue que les clowns dans une maison de vieux, c'est peut-être pas très hot !

— Y va me répondre que l'âge d'or, ça aime ça les clowns. Y'a une p'tite vieille, Thérèse qu'elle s'appelle, elle riait tellement qu'elle a pissé dans ses culottes. Qu'est-ce qu'y a de drôle dans une niaiserie de bouffon qui arrose quelqu'un avec une fleur qui sort de sa poche de veston ? Un veston broche à foin d'ailleurs, pis une joke de 1902 !

— J'te ferai certainement pas la morale, mais la violence, c'est jamais une super solution pour se faire respecter. Pis t'étais pas obligé de participer à l'activité ! Reste dans ta chambre ou va prendre l'air !

— J'suis passé par là après mon déjeuner, pis j'étais curieux de découvrir quelles pitreries y'allait présenter à son auditoire aussi débile que lui. Ses jokes étaient tellement plates. Tu sais quoi, j'pense que je vais déménager. Avec ma Henriette, c'était correct icitte, mais asteure que j'suis tout seul, je veux avoir la paix. Je veux voir personne. Je vais me prendre un petit condo et me payer une femme de ménage pis des repas de traiteur.

— Ce serait peut-être pas une mauvaise idée, par contre, tu vieillis, t'auras besoin de plus en plus de soins. Tsé, l'autre jour, c'était une joke ton histoire de couche, mais bientôt, tu vas en avoir besoin en gros paquet chez Costco.

J'avais le goût de l'écœurer un peu.

— C'est ça, encourage-moi, p'tit con. D'ailleurs, qu'est-ce que tu fais icitte aujourd'hui, un dimanche ? On devait juste se revoir la semaine prochaine.

— Bof, rien à foutre. J'ai bien fait d'venir, j'aurai manqué l'party.

— Heille, j'te dis que moi, à quinze ans j'avais d'autres choses à faire que de visiter un croulant qui a déjà un pied dans tombe !

Même lui me trouvait loser au lieu d'être content de ma visite. J'ai donc décidé d'essayer que ma présence soit un peu plus cool.

— On change-tu d'air ? Y'aurait pas un fauteuil roulant disponible quek part ? Moi, j'vais prendre mon skate. On va aller faire un tour.

— J'vais utiliser le quadriporteur électrique, comme ça, j'pourrai te clencher !

On a fait la course sur la piste cyclable jusqu'à ce que je passe près de foncer sur un bébé dans une poussette. On s'est alors calmés. Marius a commencé à me poser des questions. C'était la première fois qu'il s'intéressait à moi, mais je ne détectais pas trop ses intentions.

— Pourquoi tu dois faire des travaux communautaires ? Qu'est-ce que t'as fait de mal ? Es-tu un p'tit bum ?

Il fallait bien discuter du sujet un jour ou l'autre. Je ne savais pas trop si je devais lui dire la vérité. Il allait sûrement me rendre la vie encore plus désagréable s'il apprenait toute l'histoire.

— Tu vas m'juger si j'te l'dis.

— Go. On verra ben.

— C'est certain que j'ai fait quelque chose de pas correct puisque j'suis pogné pour faire des travaux communautaires.

— C'est quoi ? Envoye, crache le morceau !

— J'suis pas obligé de te l'dire.

— Ben moi, j'suis pas obligé de t'garder comme chaperon.

— C'est quoi, ça, un chaperon ?

— Un fatigant qui te lâche pas d'une semelle.

Dans un élan de confidence ou tout simplement pour qu'il me fiche la paix, je lui ai avoué.

— J'ai volé.

— Tu vas pas me voler mon argent, j'espère !

C'est exactement le genre de jugement que je voulais éviter.

— Quand même ! Non, jamais. J'ai piqué deux cartes-cadeaux Subway. Mes deux chums vont dîner là les vendredis, pis moi, j'peux jamais.

— Pourquoi tu peux jamais ?

— J'ai pas d'cash. Ma mère a tout juste les moyens de payer le loyer. On se fait tout le temps couper l'électricité.

— C'est pas une raison pour voler… mais, j'peux comprendre. Un bon sous-marin de temps en temps, miam ! On y va-tu ?

— Tu veux déjà t'en retourner ? On est bien. Y fait beau. Relaxe.

— Non, non, j'veux dire, au Subway. Tu m'as tenté. C'est la soirée « pâté chinois » à la résidence. J'haïs ça ! Le maïs, ça me donne des gaz. Faque je vais me prendre un douze pouces tout garni.

— Te l'ai dit, j'ai pas d'argent, pis anyway, peu importe c'que tu bouffes, tu dois péter.

— J'en ai, moi, du cash. J'te l'offre. Tu t'prendras des chips, un Coke pis un biscuit avec ça.

— Es-tu plein ?

— Plein... ?

— Plein de cash.

— Disons que j'en manque pas. Ç'a pas toujours été comme ça, mais pour le temps qu'il me reste à vivre, j'me prive pas. Coudonc, pourquoi tu m'demandes ça ? T'es pas un de ces p'tits bandits qui arnaquent les vieux, j'espère ?

— Es-tu sérieux là ? J'ai juste volé... heu, essayé de voler deux cartes de vingt piasses pour des fucking sous-marins. Ça fait pas de moi le pire délinquant de Montréal ! Pis j'vais me l'payer mon Subway, ma mère m'a donné vingt piasses hier. Vingt piasses sales, mais vingt piasses pareil !

— Pourquoi, elle vole elle aussi ?

— Ah ! Fuck off !

Je n'aurais jamais dû lui dire ça. Heureusement, il n'a pas poussé plus loin sur ce sujet.

— Pogne pas les nerfs. Ton père, lui ?

— Je t'ai déjà dit qu'y était mort.

— Ah oui, c'est vrai. Désolé, Capucin !

La dernière des choses que je voulais, c'était de faire pitié. Je n'étais pas à plaindre, c'était ma vie et il y en avait des pires. Personne ne me battait. Personne n'abusait de moi. Je m'étais juste habitué à me débrouiller seul et ça faisait de moi un ado qui n'avait pas eu le choix de vieillir plus vite que les autres. Ça n'empêchait pas que je fasse des niaiseries de temps en temps, mais je me les pardonnais. Sauf peut-être ce maudit vol dont les conséquences faisaient vraiment chier.

Honnêtement, ce qui me dérangeait le plus dans ma vie, c'était de vivre régulièrement avec la faim. C'était pire que de ne pas avoir de cellulaire. Parfois, je passais devant un McDo et l'odeur venait me chercher dans mes entrailles. Je marchais près du service au volant juste pour humer la frite sortant de la fenêtre du fast-food avant d'entrer dans celle d'une auto. Je me souviens d'une fois où il y avait une famille dans une mini-fourgonnette qui attendait sa commande. J'étais assis par terre pas loin et j'imaginais que le McDo était un drôle de personnage géant de cartoon qui régurgitait des sacs qui sentaient bon. Sa bouche était la petite fenêtre du service à l'auto. Cette fois-là, il en est sorti cinq gros sacs. J'aurais voulu embarquer dans cette fourgonnette juste pour partager tous ces burgers, ces croquettes et ces frites avec les enfants. Ce qui m'attirait n'était pas de faire partie d'une famille normale avec deux parents, des frères, des sœurs, mais d'être un enfant d'une famille normale qui va au

McDo et qui se bourre. Du plus loin que je me rappelle, je pense que c'est la seule fois où j'aurais pu faire pitié si quelqu'un avait lu dans mes pensées. Et, oui, j'ai déjà récupéré un contenant de frites dans une poubelle. Comme elle débordait, les frites étaient sur le dessus. Froides, mais encore goûteuses. J'ai fait ça deux fois, ou trois. Peut-être quatre.

J'ai finalement expliqué à Marius que ça ne me manquait pas d'avoir un père ou une mère plus présente. La preuve, parfois, dans les familles d'accueil où j'ai habité, il y avait des parents poules et ça me tapait sur les nerfs.

Il a continué de me questionner.

— T'en as fait combien, des familles d'accueil ?

— Je sais pas. J'ai pas compté. Trois dans les deux dernières années, mais une couple d'autres quand j'étais plus p'tit. Ça a toujours été on and off, dépendant de la condition de ma mère.

— C'est pas une vie pour un enfant, ça. Un enfant, c'est pas fait pour se débrouiller tout seul !

— Moi, oui.

— Ouin, on dirait que tu l'as pas eu facile, mon Capucin. Aimerais-tu ça avoir une job ? Je parle bien entendu d'une job d'étudiant.

— C'est sûr, j'commence à chercher, justement.

— J'ai des commerces qui manquent d'employés. Cordonnier, ça te tenterait-tu?

— Cordonnier? Tu veux dire, réparer des chaussures? Ça existe encore, ça?

— Non seulement ça existe, mais y'a pas de relève. Les seuls qui peuvent montrer le métier aux jeunes, c'est les vieux qui ont fait ça toute leur vie.

— C'est ça que t'as fait comme métier?

— Ça, pis plein d'autres choses. Je suis... j'étais un homme d'affaires. J'avais des nettoyeurs, des buanderies, j'ai même eu une p'tite quincaillerie jusqu'à ce que les «gros» viennent me manger tout rond. Mais c'était à ma cordonnerie que je me retrouvais le plus souvent. J'aurais tellement aimé ça que mon fils ou ma fille prenne la relève. Mais y'ont jamais été intéressés. Je rêvais un jour d'une enseigne en néon où il aurait été écrit: «Larochelle & Fils».

Marius avait dit ça, les yeux dans la brume, regardant dans les airs comme si cette affiche existait, parcourant chacune des lettres avec un geste du bras. Je l'ai ramené à la réalité avec mon commentaire.

— Ou, «et Fille».

— Ou, «et Fille», ben oui, même que ça m'aurait fait encore plus plaisir. La cordonnerie, c'est le seul commerce que j'ai gardé. Je vais encore y faire des tours des fois. J'aimais l'odeur du cuir, de la colle. Pis y'a rien de plus satisfaisant que de prendre une vieille paire de godasses pis de la remettre presque à neuf.

— As-tu sniffé d'la colle ?

— Ha ! Ha ! T'es un p'tit pervers, toi ! J'en ai respiré, mais pas volontairement. C'est sûr qu'après une journée de douze heures, la tête me tournait.

— C'est peut-être pour ça qu'aujourd'hui, t'es un peu fêlé.

— Bonne idée ça, Capucin ! Quand on va me dire que j'suis dérangé, j'vais répondre que c'est à cause de la colle. Ha ! Ha !

— Je saurais pas comment faire.

— Comment faire quoi ?

— Réparer des chaussures pis toute.

— Mon employée te le montrerait. Viens, on retourne chez nous. Tu vas me laisser tes vieux souliers pis je vais te transformer ça. Mais avant, j'veux essayer ta planche.

— Es-tu fou ?

— Heille, sois poli !

— Tu vas t'casser la gueule.

— J'vais y'aller mollo. Donne !

— On s'en allait pas manger un sous-marin, nous autres ?

Je voulais vraiment lui changer les idées, mais Marius m'a arraché le skate des mains. Quand il avait quelque chose dans la tête, lui, difficile de le contredire. À bien y penser, peut-être bien que la colle avait fait son effet sur lui.

De mon côté je me suis amusé avec la voiturette électrique pendant qu'il roulait doucement sur ma planche. Je n'en revenais pas de le voir, du haut de ses soixante-seize ans, debout sur un skateboard. Il se débrouillait assez bien jusqu'à ce qu'il roule sur un tas de petites roches et qu'il se retrouve cul par-dessus tête. J'imaginais déjà tous mes problèmes s'amplifier. Vieux con! Je le savais qu'il me mettrait dans la merde. Il était sous ma responsabilité et je le laissais se casser la gueule. Il était affalé de tout son long dans l'herbe fraîche. D'ailleurs, heureusement qu'elle n'avait pas été coupée depuis longtemps, sa chute en a été amortie. Il riait et pétait en même temps.

— Es-tu correct?

La puanteur, même en plein air, commençait à se propager.

— J'vais te dire ça demain en me levant de mon lit, mais pour l'instant, ça a l'air d'aller, m'a-t-il répondu le souffle un peu coupé.

— À en croire l'odeur que tes bouses dégagent, tu dois avoir un animal mort dans ton estomac.

— Ça doit être les Whippet qui font ça. J'en mange trois-quatre rangées par jour. Parlant d'estomac, je meurs de faim. Allons nous bourrer la face, m'a-t-il dit comme si rien n'était arrivé.

Marius a englouti un douze pouces italien garni de tout. Vraiment tout. En deux minutes. Comme s'il voulait faire des réserves. Pire que moi quand j'avais de l'argent pour m'en payer. En sortant du Subway, l'engin électrique avait disparu.

— Fuck, Marius ! Quelqu'un a piqué ton buggy.

— Meeeeerde ! Veux-tu ben me dire c'est quoi l'idée de voler ça ! Esti de crétin ! J'pense qu'on est dans l'pétrin. On va se faire engueuler par madame Beaupré.

— Ça vaut combien une chaise de même ?

— Trois mille piasses facile.

— Trois mille balles ! Oh shit !

— Si les assurances payent pas, j'la payerai, that's it ! J'appelle un taxi.

Je me disais que la vie pouvait être légère quand on avait de l'argent. Je n'avais jamais rencontré quelqu'un pour qui les dépenses avaient aussi peu d'importance. Il y avait bien eu une ou deux de mes familles d'accueil assez aisées, mais je pense qu'elles devaient quand même respecter un certain budget. J'étais persuadé que tous les riches devaient être heureux, flotter sur un nuage, avoir des vies de crêpes.

En arrivant à la résidence, madame Beaupré nous attendait. La façon dont elle regardait Marius en disait long sur son état d'esprit. Le front plissé et les yeux presque sortis de leurs orbites, elle lui a demandé (comme on demande à son enfant parti depuis des heures et qu'on croit avoir été enlevé par un maniaque) :

— Vous étiez où, monsieur Marius?

Et lui, pas mieux, répondait comme un petit garçon vulnérable, le regard vers le bas, comme percevant sa mère très inquiète.

— J'étais allé manger un sous-marin avec Capucin.

— C'est Malik son nom.

J'ai fait un signe de la tête pour lui dire que ça ne me dérangeait pas qu'il m'appelle comme ça.

— Monsieur Legault porte plainte.

— C'est qui ça, monsieur Legault? a demandé Marius.

— L'artiste-clown.

— Il porte plainte pour quoi?

— Est-ce que je suis vraiment obligée de vous le rappeler? a ajouté madame Beaupré. Agression, a-t-elle précisé.

Marius a soudain retrouvé son côté provocateur et avec un léger sourire, a dit:

— Y va tellement faire rire de lui, le bouffon!

Et il a poursuivi en imitant le gars de façon très sarcastique, avec une voix nasillarde :

— J'ai été agressé par un p'tit vieux d'une résidence où je donne des spectacles d'artiste-clown. Pôôôvre-moi! Je pourrai plus avoir d'enfants à cause du coup de pied qu'il m'a foutu dans les testicules. Mes pauvres petits testicules.

Je me retenais pour ne pas rire. Il a repris sa voix normale.

— Y'avait juste à se défendre, ti-criss de blanc-bec !

— Ça n'empêche pas que vous l'avez attaqué et qu'il porte plainte, lui a répondu madame Beaupré, sèchement.

— Demandez-y donc combien il veut pour retirer sa plainte.

Offusquée, elle a ajouté :

— Tout ne s'achète pas dans la vie, cher monsieur !

— Essayez pareil. Dites-lui que je lui donne cinq mille piasses, pis ça va nous éviter du niaisage à tous les deux.

— Je ne suis pas d'accord, mais je vais lui faire le message.

— C'est ça, pis je gage un vingt avec vous qu'il va l'prendre mon cinq mille. Y'aura jamais fait autant d'argent de sa vie pour un seul contrat.

Et il a ajouté en regardant dans ma direction : « Heille, juste un p'tit coup d'pied s'une couille, c'pas ça qui va le rendre stérile, ciboire ! »

— Bon, ça suffit. Rentrez donc chez vous, a ajouté madame Beaupré, visiblement très fâchée.

Avec cette histoire de plainte, Marius oubliait de rapporter le vol du quadriporteur. Je le lui ai rappelé en catimini.

— Marius, le buggy…

— Quoi, le buggy? Ah oui, saint-cibole, le buggy. Madame Beaupré, il va falloir que vous communiquiez avec vos assurances. On nous a volé la Cadillac électrique.

Elle commençait sérieusement à perdre patience.

— Qu'est-ce que vous faisiez avec ça? Vous n'en avez même pas besoin!

— Appelez votre compagnie d'assurances, la police, les pompiers pis pourquoi pas le plombier tant qu'à y'être, pis si ça fonctionne pas, je vais vous en acheter un autre. Viens, Capucin, que je restaure tes rolling shoes.

— Mes quoi?

— C'que t'as dans les pieds.

— As-tu dit « rolling shoes » ?

— Oui, j'ai dit rolling shoes.

— On dit des running shoes, lui ai-je répondu en riant.

— Tu roules avec la moitié du temps, donc rolling shoes, ça marche!

On est montés à son appartement. Il a sorti un grand sac contenant plein d'outils et de morceaux de cuir. Je ne sais pas comment il a fait, il a frotté, collé, installé des lacets neufs, mais mes Nike pouvaient durer quelques mois encore alors qu'ils étaient vraiment très usés. Je me voyais déjà réparer ceux de mes chums et des skaters du coin. Enfin, je ferais du cash !

— La job à la cordonnerie, je commencerais quand ?

8

J'avais réussi à éviter ma mère ces derniers temps, mais je savais bien qu'il faudrait qu'on se parle un jour ou l'autre. Ce matin-là, il était écrit sur un Post-it collé sur le frigo : « Je n'arriverai pas tard et je vais cuisiner ta lasagne préférée, celle avec du pepperoni. »

Ma journée d'école a été catastrophique. Mon niveau de concentration, déjà pas très élevé, avait dû chuter de cinquante pour cent. C'était donc le pire moment pour avoir un examen. Je ne réfléchissais qu'à ce que j'allais lui dire. Surtout, je me raisonnais pour ne pas fuir quelques jours, le temps de laisser retomber la poussière et faire comme si rien ne s'était passé. Je n'avais pas encore assez de recul et j'anticipais ma réaction de colère et de paroles qui allaient dépasser ma pensée. Ou pire, des paroles blessantes que j'assumerais pleinement.

Quand je suis rentré de l'école, elle était déjà là. Elle voulait probablement être certaine de ne pas me manquer. Je lui ai lancé timidement un petit bonjour pour ensuite me réfugier dans ma chambre. Je lui ai dit que j'avais des choses à faire avant le souper et j'en étais même à faire le ménage de mes tiroirs pour m'occuper. Mais il a bien fallu que j'affronte la bête. Ce profond malaise avait tout d'une bête féroce, celle qui te glace le sang. Celle qui risque de te dévorer vivant. C'était comme si je savais qu'après cette conversation, il n'y aurait plus rien de pareil entre nous. Je l'avais toujours défendue, lui avais toujours trouvé des excuses pour ses comportements immatures, mais là elle était allée trop loin. Elle avait dépassé une limite. Ma limite. Et c'est cette limite qui allait peut-être couper à jamais le lien mère-fils. En tout cas, pour moi.

C'est elle qui a entamé la conversation.

— Mon loup, je suis vraiment désolée que t'aies été témoin de ça l'autre jour.

Je restais muet. Déjà cette phrase n'était pas celle qu'elle aurait dû dire. Il ne fallait pas être désolée que j'en aie été témoin, il fallait plutôt qu'elle le soit pour ce qu'elle avait fait. Se pros-ti-tu-er ! Ça commençait mal. J'étais encore plus en rogne.

Elle a poursuivi.

— Parle-moi, s'il te plaît.

Je lui ai déballé mon sac. C'est sorti en une explosion de mots, sans virgule, sans point.

— Tu dois bien avoir une idée de ce que ça me fait maman ! Est-ce qu'on a besoin d'argent à ce point-là? T'es désolée que j'aie été témoin mais es-tu désolée d'avoir baisé pour du cash? Est-ce que c'était ta première fois? As-tu la moindre idée de la honte que je ressens et de la peine aussi parce que ma mère se respecte tellement pas qu'elle se vend à n'importe quel dude dégueulasse?

Ça a été à son tour de rester muette, mais elle me regardait avec son petit air de «je ne te dis pas tout».

— Câlisse! C'était pas ta première fois! Sérieux? C'était pas ta première fois en plus? Tu fais ça depuis combien de temps?

— Pas si longtemps.

— Pas si longtemps, deux mois, ou pas si longtemps, deux ans?

— Qu'est-ce que ça changerait?

— Ça change toute! Ça veut dire qu'y a plein de bonshommes qui sont passés icitte sans que je le sache. Ça m'écœure. Tu me donnes envie de vomir.

— T'es ben content de manger à ta faim.

— Arrête avec ça. T'as deux jobs, on peut se nourrir comme du monde sans que t'aies besoin de faire… ça. Aurais-tu r'commencé à boire?

Elle m'a répondu sans me regarder dans les yeux.

— Pantoute!

— Niaise-moi pas! J'ai pas envie de retourner en famille d'accueil. Fuck! Tu pourrais pas t'forcer un peu? Tu viens de rev'nir d'une cure. J'peux pas croire que t'es déjà r'tombée.

— Moi non plus j'veux pas que tu r'partes. Dis-le pas. S'il te plaît! Je bois pas, j'fume juste un p'tit joint de temps en temps.

— Fuck! Fuck! Fuck! Si la DPJ sait ça, tout va être à r'commencer. Chus tanné, maman. Comprends-tu? Chus pus capable!

— Au moins, en faisant des clients, j'peux m'acheter un peu de pot. Ça m'empêche de r'tomber dans bière, pis ça te prive de rien. Je l'fais pour toi.

— Pis tu m'dis ça le plus sérieusement du monde! Tu penses vraiment c'que tu dis? C'est encore plus pathétique. T'es pathétique, le sais-tu? J'peux pas croire que tu r'vires ça contre moi, pis que t'essayes de me faire sentir coupable. Tu voudrais que j'me sente coupable de vivre? Tu voudrais que j'm'excuse d'être né peut-être? C'est pas de ma faute si mon géniteur est mort pis que t'as été pognée toute seule avec un bébé. Y'avait-tu une assurance vie? Y t'a-tu laissé dans marde à ce point-là? T'as fait quoi avec l'argent? Tu l'as flaubé?

— Y'en avait pas gros, ça fait longtemps que c'est dépensé.

— C'était combien?

— Me rappelle pas trop.

— Me semble...

— T'es ben obsédé par l'argent, toi!

— C'est pas moé qui fourre pour en avoir, pourtant!

— Wô! Mon gars. Un peu de respect quand même. J'suis ta mère.

— Commence par te respecter, pis peut-être que j'y arriverai après.

Elle s'est soudainement arrêtée de parler. Je me disais que je l'avais bouchée, qu'elle n'avait plus d'argument, qu'elle reconnaissait ses torts. Mais j'étais complètement dans le champ. Elle me regardait avec des drôles d'yeux. Ses yeux de menteuse. Ceux qui trouvent toujours des excuses. Ceux de la petite fille prise en flagrant délit. Je ne lisais pas ce que ça pouvait cacher. Elle me fixait sans dire un mot. J'ai insisté pour qu'elle crache le morceau.

— Quoi? Qu'est-ce qu'y'a?

— Malik, calme-toi. Assis-toi et écoute-moi.

Silence. Inspiration.

—Ton père est pas mort. Il a sacré son camp t'avais même pas deux ans. J'ai aucune idée il est où. Il est peut-être reparti au Maroc, comme il peut rester à deux coins de rue d'ici, mais je ne l'ai jamais revu pis c'est ben correct de même. On s'est toujours bien arrangés tout seuls.

Ouf! J'étais K.-O. Elle m'avait eu. Impossible d'encaisser ce coup-là. Un coup en bas de la ceinture qui m'avait coupé le souffle. Et elle a osé me demander ce que ça pouvait bien changer pour moi. Tellement tout! Être orphelin de père ou être abandonné volontairement par ton géniteur, ça changeait fucking tout pour moi.

En même temps, plus j'y songeais, plus je réalisais qu'il n'était qu'un homme qui avait fourni quelques spermatozoïdes. Je n'ai jamais eu de père, un point c'est tout. Et je ne voulais même pas savoir pourquoi il était parti. Est-ce qu'il existe une bonne raison pour abandonner son enfant, ne plus jamais entrer en contact avec lui, ne plus s'assurer que ses besoins de base sont comblés?

Mais par-dessus tout, ce qui me mettait le plus hors de moi, ce n'était pas tant qu'un homme qui avait engrossé ma mère se pousse pour je ne sais trop quelle raison, mais qu'elle m'ait menti toutes ces années. À qui tu peux faire confiance dans la vie si ta propre mère ne te dit même pas la vérité?

— Tu parles pas?

— …

— J'étais pas capable de t'avouer ça. J'voulais que tu gardes une bonne image de ton père.

— Sais-tu quoi? J'commence à travailler bientôt, pis j'ai hâte de crisser mon camp. J'vais lâcher l'école. D'ici quek semaines, tu pourras faire tout ce qui te tente, fourrer, te saouler, te droguer, mentir, name it!

Je suis parti en claquant la porte. J'avais juste le goût d'aller fumer un joint avec Fred et Sam, mais je n'étais pas en état de les voir, encore moins de leur expliquer ce que je m'efforçais d'encaisser. J'avais besoin de garder les idées claires pour trouver rapidement une solution pour me sortir de ce milieu pervers sans être obligé de me retaper une nouvelle famille d'accueil.

Je suis allé au McDo pour le wifi et pour engloutir une grosse frite, et avec le vieux cell de Fred, j'ai écrit à Jade.

Salut !

Allô. Quesse tu fais ?

Rien. On peut-tu se voir ?

J'aimerais ça, mais on est loin.

Po grave. J'vais prendre le bus.
Serai là dans 1 h.

OK. J't'attends.

Je lui ai tout raconté. Elle m'a calmé. C'était la seule qui pouvait avoir cet effet sur moi. On s'est enlacés plusieurs minutes. Ça me faisait tellement de bien de la coller.

Je pleurais et elle me consolait avec sa petite voix douce.

J'ai finalement repris mes esprits.

— J'ai trouvé une job. J'vais gagner de l'argent pis me sortir de cette shit.

— C'est quoi ?

— Cordonnier.

Jade s'est mise à ricaner.

— Cordonnier ? T'es sérieux. Ça existe encore ce métier-là ?

— Oui, pis y'en manque à part ça. Le monde fait de plus en plus attention pour pas trop consommer, faque les cordonniers, ça redevient in.

— O.K. Je veux pas être plate, mais j'pense pas que tu vas pouvoir te payer un appart en travaillant dix heures par semaine au salaire minimum.

— J'vais en faire soixante s'il le faut. J'lâche l'école.

— Non, non, non, Malik ! Calme-toi donc avec ça. T'arrêteras pas l'école à quinze ans. T'as même pas le droit, anyway. Là, c'est clair que la DPJ va arriver dans le portrait. Respire un peu. On va regarder des films ce soir. Couche ici. Ça va faire plaisir à ma grand-mère. Tu sais que t'es son p'tit Malik. Elle va nous faire un bon souper pis sa tarte au chocolat que t'aimes tant. Tu vas te reposer pis on va reparler de tout ça demain.

Comme toujours, Jade savait m'apaiser et me rassurer. Je lui devais beaucoup à cette fille. C'est grâce à elle si je n'avais jamais redoublé. Soixante pour cent était le résultat magique à atteindre. Je passais de justesse, mais je passais. Elle m'avait toujours aidé depuis la première année. Quand mes familles d'accueil étaient trop loin de chez elle, j'ai vraiment failli couler. Mais je travaillais d'arrache-pied pour ne pas la décevoir. Juste pour ne pas la décevoir.

Il était temps qu'on parle d'elle un peu.

— Toi, comment ça se passe avec tes parents ?

— Même pas certaine d'avoir envie qu'on aborde le sujet. Je suis bien chez grand-maman. Je sais pas combien de mois elle va m'héberger, c'est fatigant pour elle. J'me ramasse pis je l'aide beaucoup parce que j'veux rester ici, mais quand même ! Mon père est occupé à cruiser pis ma mère a une blonde.

— Tu veux dire un chum.

— Non, une blonde. Soit elle est bi, soit elle vient de réaliser qu'elle est homo. C'est pas clair, pis c'est pas ma priorité d'analyser où elle est rendue dans sa tête. J'm'en sacre pas mal. Faque comprends-tu que j'ai envie de me tenir loin de tout ça pis de penser à ma santé mentale ?

— Ha ! Ha ! Oui, j'comprends parfaitement. Est-ce que ta grand-mère a du popcorn ?

— Oh que oui ! Je fais ça tout de suite. Va choisir un film.

Être avec Jade, c'était comme manger des crêpes. Rien d'autre n'existait sauf le moment présent. On a regardé trois comédies en ligne. Elle m'a joué dans les cheveux. Elle aimait ça. Elle les trouvait doux.

9

Une dame, pas tellement plus jeune que Marius, m'attendait à la cordonnerie. Des odeurs de colle flottaient dans l'air. Elle m'a demandé combien d'heures par semaine je pouvais lui offrir. J'aurais aimé lui répondre « autant que vous voulez », mais Jade m'avait fait entendre raison. J'étais bien conscient que si je bossais plus que dix-douze heures par semaine, ce serait catastrophique pour mes notes à l'école, d'autant plus qu'il me restait encore des heures de travaux communautaires avec Marius. Elle m'a donné de 5 à 9 le jeudi et de 8 à midi le samedi. C'était parfait. Pour cette première journée, je devais compter toutes les pièces pour l'inventaire. Sûrement pas de cette façon que j'apprendrais à devenir cordonnier, mais je devais être un peu patient.

Ce n'était pas prévu que j'aille à la résidence ce soir-là, mais je tenais à aller remercier Marius de m'avoir offert une job.

Je l'ai croisé dans l'ascenseur. Il s'apprêtait à descendre dans la salle commune, un DVD à la main.

— Salut, Marius, qu'est-ce que tu mijotes encore?

— Heille, salut Capucin. Pis toi, qu'est-ce que tu fais ici?

— Je voulais juste venir te dire que ça s'est super bien passé à la cordonnerie. Madame Saint-Clair est full gentille.

— Tant mieux. Je l'savais que t'aimerais ça. Qu'est-ce que t'as appris?

— Rien pour l'instant, elle m'a fait faire l'inventaire.

— C'est quoi, c't'affaire-là? J'vais lui parler. Je l'ai pourtant avertie de te former au plus vite.

— C'est pas grave. Il faut bien que j'commence quek part. Ça m'a donné la chance de voir tous les produits, les outils pis toute. Fais-nous confiance.

— T'aurais pu m'appeler ou me texter pour me dire ça, t'étais pas obligé de v'nir ici.

— J'ai pas de forfait avec mon cell. J'peux juste l'utiliser où y'a du wifi, mais j'peux pas appeler ni texter. C'est le vieux cell de mon chum Fred.

— On va régler ça. Je viens d'en acheter un neuf, j'vais te donner l'autre, y'est encore bon. J'vais contacter mon fournisseur, pis tu vas avoir un forfait appels-textos illimités. Comme ça, ce sera plus simple si je veux te joindre.

— J'ai pas d'argent pour ça.

— Y'est-tu tannant avec l'argent, lui! C'est ben une obsession!

Qu'est-ce qu'ils avaient tous à penser que j'étais obsédé par l'argent? Ce n'était pas l'argent qui m'obsédait, mais ce que je ne pouvais pas me payer. C'est tout!

— Facile de pas focaliser là-dessus quand on en a plein les poches!

— C'est ça, faque, laisse-moi faire!

Je n'allais sûrement pas refuser son offre. En plus, c'était pour me joindre rapidement au besoin. Donc, il me payait un forfait pour lui!

— C'est quoi ce DVD-là?

J'étais curieux de savoir ce qu'il pouvait bien manigancer encore une fois. Quelque chose au fond de moi me disait qu'il allait encore foutre le bordel.

— Ça, mon Capucin, c'est quelque chose qui va donner des airs de sainte-nitouche à bien des p'tites vieilles en bas.

— Ça veut dire quoi, « sainte-nitouche » ?

— Trop long à expliquer. Tu vas voir, ça va être drôle.

— Tu vas finir par te faire sacrer à porte.

— Tant mieux!

Je l'ai suivi. Il est allé s'asseoir dans la salle de télé avec une dizaine de femmes et trois hommes. Ils écoutaient un quiz avec Patrice L'Écuyer.

Marius a attendu patiemment la fin de l'émission, s'est levé et est allé mettre son DVD dans le lecteur. Deux chicks habillées en infirmière entraient dans une résidence pour personnes âgées. Elles rejoignaient des vieux dans leur chambre. Je ne pouvais pas croire ce que je voyais.

— Ark ! Marius ! T'es tombé su'a tête ?

Marius gardait la télécommande dans les mains. J'ai essayé de la lui enlever, mais il la serrait trop fort. Je me suis garroché sur le lecteur pour appuyer sur stop et j'ai sorti le DVD. Quelques vieilles étaient scandalisées, d'autres ne comprenaient pas trop ce qui se passait. Un vieux pervers assis sur une chaise berçante au fond de la salle souriait au point d'en perdre son dentier.

— Tu fais chier, le jeune. On aurait eu du fun, m'a dit Marius, frustré.

Je l'ai pris par le bras et tiré vers les ascenseurs pour monter à sa chambre. Dès que les portes se sont fermées, il en a profité pour lâcher une bonne flatulence en me disant :

— Tiens, c'est une punition pour m'avoir empêché de faire mon coup d'éclat.

— Fuck, Marius ! T'es dégoûtant.

Relevant mon t-shirt sur mon nez, j'ai arrêté de respirer jusqu'à ce que les portes de l'ascenseur s'ouvrent. J'ai repris mon souffle et lui ai dit :

— Coudonc, est-ce que l'intensité d'une odeur de pet est proportionnelle à l'âge ? Ça va être beau si tu te rends à quatre-vingt-dix ans !

Pis, au lieu de me punir avec tes gaz puants, tu devrais plutôt me r'mercier. C'est pas terrible d'avoir une réputation de vieux pervers, c'est même dégueulasse.

— Je suis pas un vieux cochon. C'était pour rire. Tu sauras que j'ai seulement eu une partenaire dans toute mon existence, et j'ai toujours été très respectueux.

— Une seule femme à vie et regarder d'la porn en plus. Big deal !

— T'énerve pas, Capucin. J'avais jamais consommé du trois « x » de ma vie avant de chercher sur Internet pour commander un DVD.

— Me semble ! Ça te tenterait pas d'occuper ton cerveau à faire des choses constructives plutôt que de réfléchir à ton prochain mauvais coup ?

— Comme quoi ?

— Je sais pas moi…

Aucun exemple ne me venait à l'esprit parce que mes pensées bloquaient sur l'image de Marius en train de se masturber… en train d'essayer de se masturber, devrais-je dire, à son âge, en regardant une vidéo de filles déguisées en infirmières cochonnes. Ça me perturbait solidement !

— Tu vois, même toi t'as pas d'idée. J'aimerais ça avoir un animal, mais on a pas le droit ici. En as-tu un, toi ?

— Oui. J'ai un rat. Il s'appelle Koriass.

— Un rat? J'ai toujours rêvé d'en avoir un. Ma Henriette aurait fait une crise de nerfs. C'est un dur à cuire ton Coriace?

— Heu, c'est quoi le rapport?

— Tu l'as appelé « coriace », il doit avoir une tête de cochon?

— Koriass, K-O-R-I-A-S-S. C'est le nom d'un rappeur.

— Ah! Apporte-le donc la prochaine fois que tu viens.

— Oh que non! J'me mettrai pas dans marde pour te faire plaisir!

— T'es ben branleux! Tu le caches dans ton sac. Ni vu ni connu!

— Oublie ça, Marius!

— J'ai une idée! Pourquoi on fumerait pas du pot?

— Tu t'ennuies vraiment, man! No way que j'rentre du pot icitte.

— Pas besoin, j'en ai acheté sur le site de la SQDC. Je me disais que t'allais me montrer comment fumer ça.

— Voyons donc! Des plans pour que tu deviennes encore plus fêlé.

Marius ouvre une porte d'armoire dans laquelle se trouve un coffret. Il en sort un joint.

— As-tu du feu, Capucin?

— Non, Marius, j'ai pas de feu. Pis même si j'en avais, je l'garderais pour moi.

— J'dois ben avoir des allumettes quelque part… Tiens, en v'là!

Ça me tentait de fumer un joint, mais certainement pas avec lui et dans cette résidence.

— Viens, on va aller sur le balcon pour pas attirer l'attention avec l'odeur.

— Ça va sentir dehors aussi pis les p'tits vieux vont s'en rendre compte.

— En dessous de la hotte, d'abord. Pis arrête de stresser, si jamais quelqu'un se pointe, je vais dire que c'était juste moi qui fumais. C'est légal, après tout.

— Pas pour moi, j'ai pas l'âge.

— Tant pis, moi j'allume !

Il a eu le temps de prendre deux ou trois puffs et la sonnerie de son FaceTime lui a fait éteindre le joint en vitesse. C'était sa fille qui lui annonçait que, contrairement à ce qui était prévu, elle ne pourrait pas venir pour son anniversaire. Marius était tout sourire et parlait beaucoup plus lentement qu'à l'habitude. Clair pour moi que sa fille allait s'apercevoir qu'il n'était pas dans son état normal.

Pendant qu'il jasait avec elle, il a tourné sa tablette vers moi.

— Je te présente ma fille. Kim, c'est Capucin. Capucin, c'est Kim.

J'ai pris mon air de bon garçon.

— Allô. Mon nom c'est Malik. Je suis…

Qu'est-ce que je pouvais bien lui dire pour définir mon statut par rapport à Marius ? Je fais des travaux communautaires ? Non, ça m'incriminait. Je fais du bénévolat à la résidence ? Peut-être, mais si Marius me contredisait, je perdais la face. Alors, cette phrase est sortie toute seule.

— Je suis un ami de ton père. On s'est rencontrés… et là, il fallait que je pense vite… on s'est rencontrés au skatepark.

— Au skatepark ? Qu'est-ce que tu vas faire au skatepark, papa ? lui a demandé sa fille vraiment surprise.

Pendant que Marius pédalait pour répondre, j'ai tourné la tablette, le temps de faire disparaître le joint en train de brûler dans une assiette. Je me suis transformé en ventilateur humain pour tenter d'éliminer le reste de la fumée. Heureusement que le FaceTime n'existe pas en odorama.

Marius a été très créatif dans sa réponse.

— Chaque jour, quand j'prends ma marche, j'passe devant ce parc-là. Y'a quelques semaines, j'ai décidé d'aller m'asseoir un peu pour admirer les prouesses de Capucin. Y'est bon le p'tit maudit ! Pis on a commencé à jaser et depuis ce temps-là, on est potes !

En prononçant « pote », mot à double sens pour la situation, il m'a regardé avec un grand sourire complice et il se trouvait bien drôle. Je voyais qu'il se retenait pour ne pas se mettre à rire.

Sa fille a terminé la conversation en s'excusant mille fois de ne pas pouvoir être présente pour son anniversaire. Elle lui a fait la promesse de se reprendre dès que possible. Quand elle a invité ses deux jeunes enfants à venir saluer leur grand-père à l'écran, j'ai perçu un Marius différent, attendri, tout délicat.

— Allô, mes petits capucins. Comment vous allez?

Il les appelait «capucins». Probablement parce qu'il n'arrivait jamais à se souvenir de leurs noms à eux non plus. Les enfants ont parlé quelques minutes à leur grand-père jusqu'à ce que sa fille mette fin à la conversation. C'était triste tout ça. Il y a des parents qui abandonnent leurs enfants, mais aussi des enfants qui abandonnent leurs parents. Je ne voulais pas trop juger la fille et le fils de Marius parce que je ne connaissais pas leur histoire, mais peu importe, moi, ce que je voyais, c'était un homme triste et seul. Mais peut-être avait-il été aussi détestable avec ses enfants ou même sa Henriette qu'il l'était aujourd'hui avec tout le monde. Je n'en savais rien. Mais ça me faisait réfléchir, et je me suis fait une promesse cette journée-là: jamais je n'allais abandonner ma mère, quoi qu'il arrive.

Marius voulait reprendre là où il en était, juste avant la conversation avec sa fille, ne retenant plus son fou rire.

— Rallume le joint, Capucin!

— J'pense que c'est assez pour aujourd'hui, pépère Larochelle.

Et il s'est mis à chialer, comme un bébé. Il était inconsolable. J'étais mal à l'aise.

— Tu pleures parce que ta fille viendra pas pour ta fête ?

Il ne répondait pas. Je ne savais plus quoi faire. Je lui ai posé la question à nouveau.

— S'il fallait que j'pleure chaque fois que ma fille se désiste ! C'pas ça, nigaud, c'est juste l'effet de la mari. Marius qui rit, Marius qui pleure.

Et il s'est remis à rire de plus belle en ajoutant :

— J'peux fêter mes soixante-dix-sept ans tout seul, comme un grand. J'irai au bingo en bas. Y croiront pas ça comment ça peut être le fun, le bingo !

Oh ! Je devais vite trouver une solution pour lui changer les idées et éviter une émeute.

10

La vie m'offrait un break puisque tout se passait bien. Je ne voyais pas souvent ma mère, mais quand on était ensemble, c'était cool. Je ne lui avais pas totalement pardonné son mensonge à propos de mon père. Qui sait comment j'aurais réagi si j'avais su plus tôt qu'il était vivant et se trouvait quelque part sur cette planète ? Aurais-je eu envie de le retrouver et de lui soutirer de l'argent pour qu'on ait une meilleure vie ? Il était peut-être aussi pauvre que nous. Aurais-je eu droit à sa version à lui, une autre raison de nous avoir quittés que celle d'être un simple trou de cul ? Si jamais il était parti parce que ma mère était invivable, pourquoi m'aurait-il abandonné, moi aussi ? Mais à quoi bon. Je ne ressentais pas vraiment le besoin de le connaître.

Mon feeling me disait que maman n'avait pas encore succombé à la tentation de la bouteille. À part un joint ici et là, elle se tenait tranquille. Elle ne fumait pas en ma présence, mais l'odeur ne ment jamais. Pas non plus reçu la visite de nouveaux mecs, du moins à la maison. Je passais sa chambre au peigne fin. Elle devait enfin comprendre que ce n'était pas nécessaire qu'elle vende son corps, tant qu'on était capables de payer les comptes. Et le fait que je sois souvent à la résidence lui faisait épargner sur la facture d'épicerie. Je soupais au moins trois fois par semaine avec Marius. Soit qu'il n'avait pas faim et m'offrait son repas en entier, soit qu'il soudoyait la cuisinière pour en avoir un deuxième pour moi. Autant Marius pouvait être exécrable, autant il avait le don de charmer pour obtenir ce qu'il voulait.

J'apprenais de plus en plus à la cordonnerie. De nouveaux clients se pointaient. Des skaters du coin venaient me voir pour retarder le moment de l'achat d'une paire de runnings à 150 $. Madame Saint-Clair appréciait mon travail et en informait Marius, qui l'incitait à me confier de plus en plus de responsabilités. J'étais en charge de la caisse et de la fermeture de la boutique deux fois par semaine.

Ce soir-là, Fred et Sam m'attendaient après mon shift devant la cordonnerie. On prévoyait faire du freestyle. On voulait sortir un EP de six tounes très bientôt et, pour l'instant, on en avait quatre de bonnes. On roulait en skate vers l'appart de Sam et quatre gars, début vingtaine, nous suivaient. Mon sixième sens m'envoyait un signal que quelque chose clochait.

— Vous les connaissez?

Sam et Fred ne me répondaient pas. J'ai insisté.

— Sam, Fred, vous connaissez ces dudes ou pas?

— T'occupe, man. Ils vont nous laisser tranquilles, a dit Sam, pas trop convaincant.

Les colosses aux biceps gonflés nous ont demandé de nous arrêter. L'un d'eux s'est adressé à Fred.

— Ça fait deux semaines que vous avez dépassé votre deadline. On veut notre cash!

Je ne comprenais rien à ce qui se passait. En fait, oui, je commençais à saisir que mes chums étaient impliqués dans quelque chose de pas trop net, que ça tournait mal et que j'étais pris dans ce piège malgré moi. Je leur ai posé la question.

— Quel cash?

— Mêle-toi pas de ça, Malik, m'a répondu Sam sur un ton qui ne sonnait pas très amical.

Je m'acharnais. Je voulais comprendre. Un autre de la gang s'est adressé à moi.

— Toi, l'Arabe, j't'ai vu sortir de là. Y doit ben y avoir du cash dans c'te baraque-là!

L'Arabe? What the fuck! On m'avait déjà traité de toutes sortes d'affaires, mais pas encore d'Arabe. Je n'avais pas d'étiquette collée sur le front qui marquait que mon géniteur était marocain. Mes cheveux noirs bouclés et mes yeux foncés devaient laisser croire que je n'avais pas seulement du sang québécois.

Il visait bien évidemment la cordonnerie. Effectivement, il y avait un peu d'argent dans la caisse. Fred a pris ma défense.

— Laisse-le tranquille, bro. Y'a rien à voir là-dedans.

— Chus pas ton bro, lui a répondu le gars qui nous dépassait tous d'une tête. Et il a continué en s'adressant toujours à moi et en insistant : Come on ! Viens nous débarrer ça !

J'ai paniqué et hurlé à mes chums de m'expliquer ce que ces gars voulaient. Fred a baragouiné quelque chose ; j'ai cru comprendre que Fred et Sam vendaient de la dope pour eux, et que ces p'tits cons cachaient une part du profit. La gang de dealers réclamait maintenant son dû. No way que j'allais vider la caisse de la cordonnerie pour les sortir de la merde ! Avec le vol que je venais de faire, for sure que ça me passerait sur le dos.

J'ai crié à Sam et à Fred de se pousser et j'ai couru. Couru comme un malade. Mes amis ont réussi à se sauver, pas moi. Parce que c'est moi qu'ils voulaient… ou plutôt la clé de la boutique. Je me suis débattu comme j'ai pu, mais c'était évident qu'à quatre contre un, même si j'avais été aussi costaud que ces fuckers, je n'aurais pas pu m'en sortir. J'étais maintenant par terre sur le dos, et les quatre y allaient de coups de pied, d'abord sur mes jambes, ensuite dans mon ventre. Après m'avoir coupé le souffle, ils m'ont tabassé à grands coups de bottes à caps d'acier en pleine face. J'ai perdu la carte. Passed out. Complètement passed out.

Je me suis réveillé à l'hôpital. Un vague souvenir de ce qui s'était passé flottait dans mon cerveau. Bourré de morphine, je ressentais quand même une douleur intense, mais tellement dispersée, que je ne pouvais pas dire où j'étais brisé exactement. Quand j'ai essayé de parler, j'ai paniqué. Ma mâchoire était soudée. On m'a expliqué qu'elle était fracturée à trois endroits et que le doc avait eu besoin de son assistant pour la replacer dans ses articulations. «J'ai plus sué qu'au gym», m'a dit le chirurgien. On repassera pour le tact!

Elle resterait brochée quatre à six semaines pour faciliter la guérison. Ma rotule droite était cassée. Carrément en deux morceaux. Des tiges de métal installées par l'orthopédiste la stabiliseraient le temps que ça se soude. Un plâtre couvrait mon bras gauche. Et pour couronner le tout, il me manquait une palette et une canine. Mais le pire était l'enflure. Ma face était bouffie. J'avais les deux yeux au beurre noir, dont un qui restait complètement fermé. À ce qu'il paraît, j'étais méconnaissable. Personne ne voulait me fournir un miroir. Le sang séché dans mes narines et sur mes lèvres faisait peur. J'en avais tellement avalé qu'un médecin, passé m'examiner, a appuyé sur mon ventre et un jet d'hémoglobine a jailli à travers mes broches. Jade grimaçait, prétendant que c'était pire qu'un épisode de *The Walking Dead.*

Des policiers sont entrés dans ma chambre et ont exigé que ma mère, Jade et Marius sortent. Ils m'ont posé plein de questions, mais j'étais encore trop sonné et drogué pour tenir des propos sensés. Quand ils sont partis, j'ai demandé qu'on me donne un crayon et un papier. J'ai écrit :

Marius, est-ce que la cordonnerie est OK ?

Il m'a répondu de ne pas me soucier de ça et il m'a fait la promesse de retrouver les morveux qui m'avaient foutu dans cet état. J'en voulais à Sam et à Fred. Je payais pour eux. Pas mal cher à part ça. Je croyais être leur chum, qu'on formait un trio solide, mais je me trompais. Je n'étais même pas au courant de leurs magouilles. Mais étonnamment, ce qui me dérangeait le plus, c'était de perdre la confiance de Marius et de madame Saint-Clair. J'avais peur de me faire sacrer dehors de la cordonnerie. En plus, je ne serais plus là un bon bout pour surveiller ma mère.

Après ma dose de morphine, j'ai roupillé quelques heures. Quand je me suis réveillé, il faisait noir et il ne restait plus que Jade à mes côtés. J'ai étiré mon bras droit, un des seuls membres épargnés de mon corps, n'ayant hérité que de quelques égratignures, et j'ai mis ma main sur son genou. Elle dormait. Au bout de quelques minutes, elle a finalement ouvert les yeux et m'a demandé si j'avais besoin de quelque chose en me tendant le crayon et le calepin. J'ai écrit :

Merci d'être là Jadou !

Elle m'a donné quelques seringues d'eau. À cause des blessures à l'intérieur de ma bouche, défense d'aspirer le liquide avec une paille, j'aurais pu recommencer à saigner. La prescription était de me nourrir aux boissons protéinées à la seringue. Ce bidule de plastique serait mon meilleur allié pour les prochaines semaines. Le seul avantage que je voyais à avoir perdu deux dents était de créer un espace pour y insérer l'embouchure de la seringue.

L'objectif de l'hôpital était de me faire sortir le plus tôt possible, le temps de contrôler la douleur. Je me demandais bien qui allait s'occuper de moi. Ma mère ne pouvait pas se permettre de manquer plusieurs journées de travail et Jade était bien sûr à l'école, matin et après-midi. Je n'en étais pas encore vraiment conscient, mais le reste de l'année scolaire allait probablement être foutu pour moi. On parlait d'une réadaptation de plusieurs mois.

Jade était douce et attentionnée et m'a même surpris avec ses confidences.

— J'ai tellement eu peur, Malik, quand ta mère m'a appelée. Je sais pas ce que j'aurais fait si…

Et elle s'est mise à pleurer.

— Je vais être là pour toi autant que je le pourrai et t'inquiète pas pour l'école, je vais t'aider pour que tu prennes pas trop de retard. Et elle a ajouté : Je t'aime.

Aucune idée de comment interpréter ce « je t'aime ». Je t'aime comme ami ou je t'aime tout court ? Je n'avais pas la force de pousser plus loin, mais ce ne serait que partie remise. Ce « je t'aime » me resterait dans la tête longtemps.

C'est Marius qui s'est offert pour prendre soin de moi. Même si le personnel de sa résidence essayait de l'en dissuader, tentant de lui démontrer l'ampleur de la tâche, il n'en démordait pas. On lui permettait cependant de m'héberger quelques jours dans son appartement, ou peut-être quelques semaines, si tout se passait bien.

À ma sortie, il m'attendait avec un fauteuil roulant. Il m'a poussé jusqu'à son gros VUS. J'étais maintenant capable de marmonner, mais évidemment avec la mâchoire brochée, ce n'était pas toujours très compréhensible.

— Je savais pas que tu avais un char.

Marius ne voulait pas l'avouer, mais il commençait à avoir l'ouïe un peu défaillante. On formait donc un beau ti-couple : moi qui prononçais mal et lui qui n'entendait pas trop bien.

— Quoi ?

— Ton VUS, je savais pas que t'avais ça.

— Y'é flambette. J'me suis payé ça pour me consoler de la mort d'Henriette. C'est pas l'idéal dans ta condition par contre. Je vais t'aider à monter.

J'étais faible et en douleur. Ça n'a pas été facile d'embarquer là-dedans. En y grimpant, j'ai aperçu un bat de baseball à l'arrière. Toujours en marmonnant :

— Coudonc ! T'en vas-tu jouer une game de baseball ?

— Pourquoi ?

— Ben, le bat en arrière.

— Ah ça ! Si je le vendais sur eBay, j'pourrais obtenir une p'tite fortune.

J'ai eu droit à toute l'histoire du bat, ce qui m'a presque fait regretter ma question.

— Le 14 avril 69, j'ai assisté à un moment légendaire. Pour la première fois, un match de baseball majeur était disputé en dehors des States. C'était les Expos de Montréal… tu connais les Expos, j'espère ?

— Ben là, oui !

— Faque, c'était les Expos contre les Cards de Saint-Louis. Ça se passait au stade Jarry. J'ai toujours été un fan de baseball. J'avais apporté mon bat de quand j'étais p'tit dans l'espoir que je puisse rencontrer le mythique Rusty Staub. Tu connais Rusty Staub ?

— Entendu parler.

— C'était le numéro 10 des Expos. Un pur moment de bonheur de le voir frapper la longue balle. Le temps qu'y a joué avec l'équipe, y'a cogné 81 circuits en 518 matchs.

— Tu pourrais avoir combien pour le bâton ?

— Je l'sais pas. Mais y'a sûrement des collectionneurs maniaques qui sortiraient le gros cash. Le surnom de Rusty Staub, c'était le « Grand Orange ». C'est parce qu'y'était roux. Lui, mon Capucin, y passait ses hivers à Montréal, juste pour apprendre le français pendant que ses coéquipiers s'en allaient tous au chaud dans l'Sud.

— C'était vraiment ton idole on dirait. Mais, le rapport avec le bat ?

Marius l'a empoigné et m'a montré avec fierté la signature de Rusty Staub.

— J'ai réussi ! Y'a pris du temps pour rencontrer ses fans à la fin du match. J'ai fait la file, pis j'ai eu son autographe.

— Pourquoi tu le traînes dans ton char ? Tu joues quand même plus au baseball à ton âge ?

— Ben non, mais un bat de baseball, ça peut être utile.

— Pour, genre, quoi ?

— Y'a toujours des baveux su'a route.

— Ouin, pis ? Tu les menaces avec ton bat ? Me semble de voir sortir un vieux bonhomme de son char avec un bat de baseball. Tu te dis juste : « méchant malade » pis tu sacres ton camp.

— Ben, c'est ça. C'est efficace pis t'as même pas besoin de t'en servir.

— T'as déjà eu à faire ça ?

— Non, je l'garde, au cas où.

— Ce serait con de casser un bat qui vaut dix mille piasses su'a tête d'un enragé du volant, hein, Marius ?

Il m'a fait répéter ma phrase trois fois et a souri.

Parler m'avait demandé tellement d'efforts. J'étais épuisé. J'ai dû dormir au moins douze heures. Ça faisait du bien d'être enfin loin des « bips-bips » de l'hôpital, des infirmières qui viennent prendre ta pression toutes les heures et qui doivent mesurer l'urine dans le petit pot vert pour s'assurer que tu pisses assez. S'ajoutaient les préposés qui m'apportaient : un Boost pour déjeuner, un Boost pour collation, un Boost pour dîner, un Boost pour collation, un Boost pour souper et un autre Boost pour une dernière collation. Une collection de bouteilles entamées s'entassaient. Chocolat ou vanille, that's it ! Plus capable ! Le patient à côté, un vieux qui s'était fracturé une hanche, recevait sa famille tous les soirs. Une grosse famille ! Une christie de grosse famille !

À mon réveil, Marius m'a installé dans un fauteuil, ma jambe cassée allongée sur un pouf et m'a laissé la télécommande, me disant que je pouvais commander tous les films que je voulais. J'étais mal à l'aise. On avait beau être potes, je n'étais pas prêt à ce qu'il soit dans ma bulle d'intimité pour les prochains jours.

Puisque c'était encore un gros effort pour moi de parler, je lui ai écrit.

Marius, je te revaudré ça. Merci de faire sa pour moi. C'est moi qui suis censé s'occupé de toi. Je veus que tu me promette de le dire quand tu en aura assé. Je ne sais tellemant pas combien ca va prendre de temps avant que je me remette sur pied.

— Premièrement, tu fais plein de fautes, m'a répondu Marius. Va falloir corriger ça. Tu iras pas loin dans vie si tu sais pas écrire comme du monde. Deuxièmement, t'en fais pas, je vais te l'dire si j'suis fatigué. Mais j'suis fait fort et c'est pas un capucin comme toi qui va m'épuiser. J'vais t'emmener chez ton physio, à tes rendez-vous à l'hôpital et je vais demander au gars de la cafétéria de passer tes repas au blender, comme pour les p'tits vieux pas d'dents. Et r'garde c'que j'ai acheté. Une chaise spéciale pour mettre dans l'bain. Parce que, mon Capucin, c'est moi qui vais te laver.

Je n'avais pas pensé à ça et cette perspective ne m'enchantait pas du tout. Et de façon plus ou moins compréhensible, j'ai ajouté :

— O.K., mais y'a des racoins dont j'vais m'occuper moi-même.

— Ben d'accord, a répondu Marius en riant.

J'ai terminé la soirée en textant Jade plutôt que de regarder des films. Je ne suis pas revenu sur le « je t'aime » pour ne pas la mettre mal à l'aise, mais ce n'était pas l'envie qui manquait. Elle l'avait peut-être juste échappé dans un élan d'émotion.

Cette nuit-là a été difficile. J'ai pris le max de ma dose de Dilaudid et je souffrais quand même. Le lendemain matin, Marius m'a réveillé en me présentant un homme dans la quarantaine, bedonnant, qui venait pour lui montrer comment me doucher. Aussi, il avait apporté son clipper pour me raser les cheveux pour que ce soit encore plus facile de m'entretenir au quotidien. Je mourais de faim. Les boissons protéinées ne me remplissaient plus assez l'estomac. Pendant que le gars s'appliquait à me couper la tignasse, Marius est descendu à la cafétéria et m'a rapporté un spaghetti. Un jus de spagates plutôt. Ça paraissait dégueulasse à première vue, mais c'était tellement satisfaisant d'avaler autre chose que du liquide au chocolat ou à la vanille. Ce goût de viande, de tomates et d'épices comblait mes papilles gustatives.

L'homme a ensuite montré à Marius comment m'aider à me laver sans mouiller ma jambe. On ne m'avait pas encore enlevé les petites broches externes qui soudaient ma peau sur mon genou. Une trentaine. D'ailleurs ma cicatrice était épique. Retirer l'attelle qui gardait ma rotule bien droite m'a fait voir des étoiles. Crisse que ça m'a fait mal ! Au moins, le plâtre de mon bras était en fibre de verre, donc, pas grave qu'il soit humide. Pas loin d'une heure pour me déshabiller, me laver le corps, les cheveux, m'essuyer et me rhabiller. J'étais épuisé et Marius aussi. Heureusement, il était dans l'ordre des choses que mon état s'améliore et que j'arrive à faire cette tâche presque tout seul dans quelques jours.

Après deux semaines, on avait notre routine et Marius était d'une générosité exemplaire. Mon propre grand-père (je n'ai connu ni le marocain ni le québécois) n'aurait pas pu faire mieux. Je souffrais encore beaucoup, mais mon visage désenflait et je commençais à me reconnaître. Je rêvais qu'on m'enlève ces morceaux de métal qui soudaient mes dents d'en haut à celles d'en bas, pour croquer du solide. Bâiller. Ouvrir la bouche. Oui, juste ouvrir la bouche et parler normalement.

Enfin, ma première sortie. Direction centre de réadaptation pour mes traitements de physio. Ça a été atroce. Les exercices exécutés à l'hôpital et poursuivis chez Marius n'étaient rien à côté de la séance de torture que me faisait subir mon physiothérapeute. C'était un tortionnaire. Il avait beau dire qu'il faisait ça pour mon bien, je voulais le frapper. À chacun des mouvements, des étirements, je pensais aux gars qui m'avaient mis dans cet état. Ma haine était telle que j'imaginais ce que je pourrais leur faire à mon tour et ça ne donnait pas dans la dentelle. Moi, un ado pacifique à la base, je me surprenais à avoir des idées sadiques. Leur arracher les yeux avec des pinces. Couper leurs crisses de bottes à cap d'acier en petits morceaux et leur faire avaler de force. Effacer leurs tatouages avec une sableuse électrique. Leur marcher sur la tête avec des souliers de soccer. Les scalper. Chaque torture imaginée rendait les miennes moins pénibles. Mais le fait que mes « supposés » chums se poussent sachant fort bien qu'on allait me câlisser une volée était l'ultime souffrance. Ils me textaient souvent depuis l'apocalypse, mais je ne répondais pas. Toutes ces frustrations m'aidaient dans un certain sens, parce que je me donnais à cent dix pour cent dans mes traitements. J'étais franchement désagréable avec le physio, mais je pense qu'il en avait vu d'autres. Ma motivation était de me remettre sur pied et de manigancer un plan pour faire tomber ces petits mafieux ratés.

À mon retour, j'étais carrément épuisé. Marius m'a apporté du pâté chinois à l'allure de potage brun-beige qui ne donnait aucunement envie de l'avaler. Un mélange parfait pour fabriquer du faux vomi dans les films. Je l'ai quand même dévoré en remplissant plusieurs seringues, comme si c'était un souper gastronomique et j'ai dormi. Encore dormi. Tellement dormi.

À mon réveil, un cadeau de Marius m'attendait. Un bidule, nettoyeur à jet d'eau pour déloger l'accumulation de résidus de bouffes dans toutes ces broches qui me soudaient les mâchoires. C'était franchement dégueulasse et l'odeur qui s'en dégageait me levait le cœur : du sang et des mottons de repas consommés ces derniers jours.

— Ça va faire du bien ça, m'a dit Marius. Ton haleine était à veille de faire décoller ma tapisserie.

— Désolé, vieux, mais chuis surtout stoke pour Jade.

— Encore tes maudits mots que j'comprends pas. T'es « stoke » ?

— Chus content pour elle, ben surtout pour moi parc'que j'devais la dégoûter.

— C'est important de pas la répugner, c'est certain.

Marius étalait son petit sourire qui se foutait de ma gueule.

— Fais pas chier. Tu saisis très bien. Toi, ça me dérangeait pas que tu sentes mon haleine de putéfraction, mais pas elle.

— On dit putréfaction. Tu sais qu'elle peut te rendre visite quand elle veut, ton am… ie.

— T'allais dire « ton amoureuse », mais c'est mon amie. Mon amie d'enfance. Pis non, elle viendra pas ici. Avec toi comme chaperon, fuck all ! Déjà que j'étais maigrichon, je dois pas être beau à voir, en plus de ma super dentition à la Ovechkin.

— T'as rendez-vous avec le chirurgien du maxillo-facial demain, il va peut-être t'enlever les broches et je vais pouvoir t'emmener chez le denturologiste pour te faire faire un partiel en attendant d'avoir des implants.

— Y'est trop tôt. Y'ont parlé d'au moins un mois avant de m'débrocher ça. Pis j'ai pas une cenne pour des nouvelles dents ! Ça doit coûter crissement cher ! T'sais que ma place est vraiment icitte, dans une maison de ti-vieux. J'mange mou, y m'manque des dents, pis faut que j'me fasse faire un dentier ! That's it !

— Ha ! Ha ! Join the club ! Pour le cash, r'viens-en ! ! Ça sera pas un dentier, mais juste un partiel. Quand ta croissance va être finie, on va te visser des dents pour la vie.

— Marius, y serait temps que tu me jases de la cordonnerie. Elle avait l'air de quoi après que les morons sont passés ?

— Stresse pas avec ça, m'a répondu Marius, rassurant. Tout est réglé.

— Come on !

Je me doutais bien que ça n'avait pas dû être si simple.

— Ils sont entrés avec la clé, donc sans défoncer la porte. C'est déjà ça. Y'ont essayé d'ouvrir le coffre-fort, sans succès évidemment. J'ai jamais été cheap avec les coffres-forts. J'imagine que ça les a mis en beau calvaire parce qu'y ont toute viré à l'envers.

— Nooooon ! Fuck de fuck de câlisse ! J'm'excuse tellement, vieux !

— Capucin, arrête de t'en faire, tout est correct. On a ramassé. Y'avaient rien brisé. Pis j'vais les r'trouver les crottés qui t'ont fait ça !

— Pour qu'ils te démolissent la face à toi aussi ! Oublie ça. La police doit ben être sur le cas.

— La police ! La police ! Penses-tu vraiment que c'est leur priorité ?

— Chus juste un paquet de troubles.

Fatigué et un peu découragé, je me sentais déprimé et coupable.

— Bon, ça suffit l'apitoiement. Après-demain, c'est ma fête. Faque, si on te débroche la bouche, on va aller fêter ça au bingo pis tu vas pouvoir déguster le meilleur gâteau au chocolat que t'as jamais mangé de ta vie. Sinon, j'vais te passer ça dans l'blender avec du lait pis j'vais t'remplir des seringues. Tu vas être aux p'tits oiseaux !

— Wow ! Ça va être tout un party ! lui ai-je répondu de façon totalement sarcastique.

11

Malheureusement, il était encore trop tôt pour me débrocher, mais ma mâchoire se ressoudait tranquillement. « T'es mon plus gros cas à vie, mon bonhomme, et ça fait vingt-cinq ans que je pratique », m'a dit le maxillo. Rien pour m'encourager ! Et il a poursuivi : « Il va falloir surveiller les dents autour, je ne suis pas certain que tu vas pouvoir les conserver. Je vais t'envoyer consulter un autre spécialiste. »

Je ne voyais pas le bout des conséquences de mon massacre. Je suis sorti de là encore plus déprimé et Marius a voulu me remonter le moral.

— Qu'est-ce qui te ferait plaisir, Capucin ?

— Conduire ton VUS.

— T'es sérieux ? Amanché d'même ?

— Tu m'demandes ce qui me ferait plaisir. J'te l'dis !

— Écoute, mon gars, faut pas que tu t'laisses aller. C'est c'que j'ai fait quand ma Henriette est morte, pis c'est pas une bonne idée. T'es jeune, pis dans un an, ce sera juste un mauvais souvenir.

— J'm'en rappellerai plus le jour de mes noces !

— Quoi, tu vas te marier ?

— Ben non. Mais c'est pas ce que les vieux disent toujours ? Hé, j'pense à ça. Je l'sais ce qui me ferait plaisir. Peux-tu m'emmener chez Jade ? Tu pourras souper avec nous, sa grand-mère fait de la super bouffe pis elle est méga sympathique.

— Non, non. J'veux pas déranger. Mais j'vais aller te conduire et te chercher avec plaisir.

Évidemment, la grand-mère de Jade a insisté pour qu'il reste. Marius était très drôle à voir. Un tout autre homme ! Doux, timide et il parlait de Bach. Ça lui faisait une partenaire idéale pour jaser musique puisque Alice était dans une chorale de chant classique. Ça m'a donné la chance d'être seul avec mon amie, en retrait dans sa chambre. Dans l'état où j'étais, tellement fragile, on aurait dit que tout m'était permis. J'ai donc abordé le sujet délicat qui me tenaillait depuis des jours.

— Jade, tsé, à l'hôpital…

Je n'ai pas pu terminer ma phrase qu'elle m'a coupé la parole.

— Quand j't'ai dit « je t'aime » ? Désolée, c'était pas mon intention de te mettre mal à l'aise.

— Tu m'as pas mis mal à l'aise, c'est juste que… j'aimerais ça savoir qu'est-ce que tu voulais dire au juste.

— C'est pourtant clair.

— Ben, c'est parce que tu dis «je t'aime» à ton chat. À ta grand-mère aussi.

— Tu sais bien que c'est pas pareil!

— Non, justement, je l'sais pas.

— Qu'est-ce que tu sais pas?

— Jade, come on! Là, tu me rends mal à l'aise!

— Qu'est-ce que tu veux que j'te dise de plus, Malik? J't'aime! J't'aime depuis toujours, pis là, j't'aime encore plus. Tsé. J't'aime comme on aime un amoureux. J'suis en amour avec toi! C'tu clair comme ça!?

Ouf! C'était spécial de se faire dire «je t'aime» sur ce ton. Les détails brisaient un peu la magie. Soit que je n'étais pas assez rapide d'esprit pour comprendre ou… trop prudent de peur de m'emballer. Pour tenter de casser le malaise, je me suis mis à fredonner une toune romantique. Genre, une toune de film de filles.

— Tu sais que t'es con, m'a dit Jade avec une grande tendresse.

— Moi aussi, je t'aime, Jade. T'es ma Jadou en sucre.

— «Ma Jadou en sucre»? C'est quoi ça? Elle a ri, soupiré et m'a demandé: qu'est-ce qu'on attend d'abord?

Qu'est-ce qu'elle voulait dire encore ? Je ne saisissais pas. Heureusement, elle s'est approchée de moi et m'a embrassé. En fait, elle m'a donné quelques bisous. Avec mes mâchoires brochées et ma langue emprisonnée, je n'aurais pas gagné le concours du baiser le plus sexy. Avoir su ! Je l'aurais tellement fait avant pour rendre notre premier french mémorable. En même temps, il est clair que ce serait mémorable. Quelle fille peut se vanter d'avoir embrassé un gars avec la mâchoire soudée ? On s'est regardés et on a ri de cette situation ridicule. Mais même rire me faisait souffrir. On s'est étendus sur son lit en écoutant Loud et on a chanté *Il était moins une*. Elle avec sa belle voix, et moi qui marmonnais :

J'ai jamais vécu la double vie
J'fais c'que j'veux faire quand j'vais être grand depuis qu'j'suis tout p'tit
Kept it super real dans un monde tellement shady
Still waiting for the money to change me

Il était tard et je devais avaler mes anti-douleurs. Le cœur me battait dans le genou, dans le bras, dans la mâchoire. J'étais un pouls ambulant. On est allés rejoindre Alice et Marius. Ils discutaient et riaient devant un thé.

— Marius, faudrait y'aller. As-tu mes pilules ?

— Oui, j'ai ça, mon Capucin. Tiens !

J'ai avalé ma dose. Marius a remercié Alice pour le bon souper et il s'est penché pour lui faire la bise. Elle était tout sourire et nous a dit qu'on était toujours les bienvenus. « Je suis certaine que ma cuisine est meilleure que celle de la résidence. » Clairement !

Sur le chemin du retour, Marius m'a demandé :

— Hé l'grand, comment tu t'sens ? Es-tu fatigué ? As-tu mal ?

— Les médicaments commencent à faire effet, mais j'ai hâte d'aller me coucher. Pourquoi ?

— Si t'avais été en forme, je t'aurais emmené quelque part pour te montrer quelque chose.

— Wow ! C'est tellement précis que ça me donne le goût. C'est loin ?

— Ouin, pas mal. Faudrait faire une centaine de kilomètres.

— C'est où ?

— À mon shack.

— T'as un chalet ?

— Oui, sur le bord d'une rivière. J'pourrais nous acheter quelque chose pour déjeuner demain matin. J'ai des seringues et tes pilules.

— O.K. Go ! Je vais dormir dans l'auto, en route.

Le temps d'une bonne sieste et on était sur place. C'était vraiment hot! Il faisait noir, mais je pouvais voir le reflet de la lune sur l'eau et entendre le chant des grenouilles. Je n'étais pas allé souvent à la campagne dans ma vie, pourtant j'adorais ça. C'était un peu humide, mais Marius a fait un feu à l'intérieur et je me suis rendormi sur-le-champ.

Le lendemain, après un tour d'horloge, Marius est venu me réveiller. Il ne pouvait plus m'attendre pour déjeuner. Il était presque midi.

— On mange et j'te montre le diamant après.

— J'ai ben hâte de voir ça!

C'était un chalet de vieux, avec des objets de vieux. Des vieilles affaires, mais quand même belles. Des lampes antiques. Des chandeliers. Des bibelots. Beaucoup de bibelots. La plupart représentaient des animaux, surtout des chiens. Mais il y avait aussi des éléphants, tous la trompe en l'air. Les rideaux étaient fleuris. Il y avait des photos de famille partout, sur les murs, les commodes, les tables. On voyait Marius et Henriette jeunes, à leur mariage, avec des bébés, ensuite les enfants plus âgés puis ados. On pouvait presque lire leur vie en regardant toutes ces photos. Un truc attirait mon attention. Chaque pièce comportait sa chaise berçante. J'ai choisi celle qui me semblait la plus confortable et me suis assis.

C'était difficile avec mon attelle et ma jambe raide, mais j'ai réussi à me bercer. Plusieurs minutes. Les yeux fermés. Jusqu'à ce que Marius me ramène à la réalité. Sa réalité.

— Ma Henriette aimait tellement se bercer. Elle se berçait tout l'temps. Pis tu peux pas t'imaginer les heures qu'elle a passées à endormir les enfants... et les petits-enfants, les rares fois qu'on les a eus avec nous. Quand je pense à elle, je la vois dans une de ses chaises, se berçant et me regardant avec ses p'tits yeux doux.

Marius s'est perdu dans ses pensées quelques minutes. Il était carrément avec sa Henriette. Quand il est revenu à lui, il a préparé le déjeuner.

Après avoir pris mes antidouleurs et mon smoothie avec deux œufs, compote de pommes, fraises et un peu de poudre de protéines, avalé dans quatre, cinq seringues, j'ai attrapé mes béquilles et on est sortis dehors. Wow! Ça ressemblait aux dessins qu'on griffonne quand on est enfant: le chemin qui se rend jusqu'à la cabane et la fumée qui sort de la cheminée. Les grands arbres feuillus autour. La rivière qui coule derrière. Les oiseaux, les petits suisses. Il manquait juste un lapin. C'était comme un livre de conte avec les sons et les odeurs en plus. Mais c'est dans le garage que Marius m'a entraîné. Il a ouvert la porte et a retiré une toile blanche qui couvrait le diamant en question. Une Ford Mustang décapotable rouge, avec le dessus du capot noir, est apparue comme par magie. Je n'ai jamais été un maniaque de chars, mais je dois avouer qu'il avait raison de dire que c'était un diamant. Les yeux de Marius brillaient autant que son antiquité de luxe.

— Ça, Capucin, c'est de l'or en barre. C'est une Mustang 69, V8 avec un 351 Cleveland, 500 chevaux, carburateur Holley 4 barils, transmission modèle C-4, automatique pis un différentiel neuf pouces autobloquant. 0-100 en 6.9. J'ai fait refaire la peinture en Candy Apple Red. Elle a des Magnum 500 de 17 pouces. R'garde les beaux bancs de cuir blanc. C'pas la place pour manger des crottes au fromage ! Faut l'essayer pour sentir ton sang se rendre à tes pieds quand t'accélères. C'est quasiment le « G » d'un F-18. Je l'ai acheté dans ma vingtaine quand j'ai commencé à faire de l'argent. Ma Henriette pis moi, on en a fait des rides dans ce bolide-là.

— Insane ! Comment t'as réussi à la garder aussi clean ?

— Elle est jamais sortie l'hiver, non plus à la pluie l'été. Je l'ai tellement shinée c'te beauté-là ! Veux-tu écouter le son asteure ?

— O.K.

Marius a mis la clé dans le contact et a fermé les yeux au son du ronronnement.

— Chus certain que t'as jamais entendu rien de pareil.

— Ça c'est vrai. Moi, j'connais plus le « dou dou dou » du métro.

— Quand tu vas être guéri, j'vais t'la faire essayer.

— Encore des plans pour que j'me mette dans marde. J'ai pas de permis. J'ai même pas le droit de commencer mes cours de conduite.

— Arrête donc d'être le casseux de party ! Tu vas avoir seize ans dans quek mois. C'est des p'tites routes de campagne par icitte, y'a jamais d'police.

— O.K. On verra.

— Si ça, ça t'excite pas, t'es pas un p'tit gars normal.

— C'est ben sûr que ça m'excite, mais là, j'suis frustré parce que j'peux pas embarquer d'dans sans gueuler de douleur.

— On revient dès que ton genou plie. Promis ! Mais j'ai encore mieux pour toi. Aujourd'hui, c'est ma fête…

— Shit, Marius ! Chus désolé ! J'avais complètement oublié ça.

— C'pas grave. J'me fais un cadeau. Tiens !

Il me tend les clés et il poursuit.

— Quand j'vais mourir, elle va être à toi.

— Ben voyons donc, Marius ! T'imagines c'qu'en penseraient tes enfants ?

— Mes enfants, mes enfants. Y s'en câlissent carrément de c'char-là !

— J'pense pas qu'y s'câlissent de c'qu'il vaut, par exemple ! Ça doit coûter un bras une antiquité d'même qui a l'air neuve ?

— Oh que oui ! Plus cher que mon VUS flambette !

— Fuck, man ! Tes enfants vont t'haïr d'aplomb !

— So what ! J'vas être mort. Pis fais-toi-z'en pas pour eux, sont pas dans rue, j'les gâte déjà avant même d'être passé de l'autre bord rejoindre ma douce. Pourquoi tu penses qu'y se forcent pas tant pour venir me voir ?

— Je sais pas quoi te dire, Marius. Me semble que ç'a pas d'bon sens que tu m'la donnes.

— Y'a quand même une condition.

— Shoot !

— J't'la donne pas pour que tu la vendes. Faudra que t'en prennes soin comme la prunelle de tes yeux.

— Deal ! Mais, anyway, t'es loin d'être mort. On aura le temps d'en r'parler. Tu sais quoi, va à l'épicerie nous chercher d'autre bouffe pis on va passer la journée ici. On est trop bien. Achète-toi un gâteau pis des chandelles. Soixante-dix-sept ans, ça se fête !

12

Les semaines suivantes ont été plutôt difficiles. Mes progrès, grands au début, stagnaient. J'ai dû subir une nouvelle chirurgie pour enlever les tiges de métal qui retenaient ma rotule et les exercices intenses ont repris. Je faisais maintenant de la physio pour mon bras, ma jambe et ma mâchoire, enfin libérée de sa prison. Mais tout n'était pas encore gagné. Elle n'ouvrait qu'à environ soixante pour cent. Pas de McDo ou de Subway pour moi, à moins de manger les burgers et les sous-marins complètement écrapoutis. Mais juste l'effet de croquer dans du solide, d'avoir des textures différentes dans la bouche était jouissif.

Je me sentais d'attaque pour être un pas pire amoureux avec Jade. Marius m'avait payé un partiel qui remplaçait mes deux dents manquantes et j'étais comme avant. Je dirais même une version améliorée puisque ma palette naturelle, un peu croche, était maintenant fausse, mais parfaitement droite.

La première chose que j'ai faite en sortant du denturologiste a été d'aller voir Jade et de la frencher durant plusieurs minutes. Rien de mieux comme traitement de physio de la mâchoire. Il fallait que je clenche sur les exercices, sinon une autre opération serait nécessaire pour que l'ouverture de ma bouche puisse atteindre son maximum. Mais, no way! Je parlais quand même très clairement et surtout, je pouvais rapper aussi vite qu'avant.

Une impression d'avoir abandonné ma mère durant les derniers mois m'envahissait et, pourtant, on ne pouvait pas dire que de son côté elle faisait beaucoup d'efforts pour simplement me croiser. J'étais retourné à la maison, mais, comme d'habitude, elle n'était jamais là.

Un des gars recherchés pour mon agression était maintenant en taule. Il attendait son procès pour voies de fait graves. Je l'avais identifié. Il pouvait prendre quatorze ans, gros max, et moi, je resterais avec des séquelles à vie. Ses chums étaient bien connus des policiers, mais puisqu'il faisait sombre et qu'ils portaient leur capuchon de hoodie, impossible pour moi de les reconnaître. La police essaierait de soutirer des informations de celui en prison, mais il ne risquait pas de les stooler. Donc, pas de preuves, pas de coupables.

Je réalisais avec cette aventure que je désirais plus que tout me sortir de ce milieu de merde. Sam et Fred tentaient encore d'entrer en contact avec moi, mais je leur en voudrais jusqu'à la fin de mes jours. Quels vrais chums abandonnent un des leurs quand il se fait taper dessus ? J'étais fâché contre eux, mais surtout triste. Je n'avais plus d'amis. Avoir des chums me manquait. Jade était là pour moi, mais ce n'était pas pareil. Elle allait probablement devenir médecin avec sa tête de cochon, et moi, c'était quoi mon avenir ?

J'ai mis les bouchées doubles pour rattraper mon année. J'ai frôlé l'échec pour plusieurs examens, mais avec les encouragements de Marius et l'aide de Jade, j'ai réussi.

Madame Beaupré a été très gentille avec moi. Les heures où Marius a pris soin de moi, elle les a comptées pour mes travaux communautaires. Je dépassais donc largement les quarante heures. Elle disait que ça faisait du bien à monsieur Larochelle de s'occuper de quelqu'un, que c'était la meilleure chose qui pouvait lui arriver. J'aurais préféré que ça se passe autrement, mais tant mieux si ça donnait moins le goût au vieux de faire des mauvais coups. Pour ce qui est de mon travail à la cordonnerie, on avait gardé ma place. Évidemment, il y avait du Marius là-dessous !

Il m'achalait pour que j'apporte mon rat chez lui. J'avais toujours réussi à lui changer les idées quand il en était question, mais cette fois-là, il avait insisté plus que jamais en me prenant par les sentiments. « Tu peux bien faire ça pour moi, Capucin. » Après toutes ces semaines à me trimbaler au centre de réadaptation, me laver, me nourrir et, surtout, à me motiver à travailler fort pour obtenir au moins soixante pour cent dans toutes mes matières, comment aurais-je pu lui refuser ça ?

J'ai transporté Koriass dans une petite boîte dans mon sac à dos. Il n'aimait visiblement pas ça parce qu'il couinait super fort. Je me demandais bien comment j'allais pouvoir mettre les pieds dans la résidence avec lui en passant inaperçu. J'ai attendu qu'il n'y ait personne dans l'entrée et je me suis dirigé vers les escaliers. Très peu de vieux prennent l'escalier. Ç'a été facile finalement. Marius agissait comme un enfant. Il s'est couché par terre sur le tapis et y a déposé Koriass en lui parlant comme à un humain. Il le caressait. Il m'a même demandé s'il pouvait le garder.

— T'as pas le droit, Marius. Arrête donc de te mettre dans des situations pas possibles. Tu reviendras le voir chez nous.

— J'veux pas aller chez vous.

— Pourquoi ?

— J'veux pas connaître ta mère.

— C'est quoi ton problème ? Elle te mangera pas ! Pis, anyway, elle risque pas d'être là.

— Elle s'occupe pas bien de toi pis j'pourrai pas me retenir de le lui dire.

— Voyons, Marius, c'est pas d'tes affaires. Elle fait c'qu'elle peut.

— Pas certain de ça, moi.

— Heille, Marius ! Stoppe ton jugement de bourgeois !

On a cogné à la porte. Il a eu le réflexe d'aller répondre sans penser à Koriass en liberté. Évidemment, mon rat a pris le bord et s'est échappé de l'appartement. Je courais dans le corridor (en fait, j'essayais de marcher vite, encore pas mal handicapé) pour le rattraper, mais je ne voulais pas alarmer tout l'étage au grand complet. J'ai vraiment manqué mon coup ! Je l'appelais sans trop élever la voix. Mais lui, il explorait et tripait. À toute vitesse, j'ai fouillé dans les armoires de Marius et trouvé des Froot Loops. Ce serait winner pour Koriass. Ça y était presque. Il sentait l'odeur du sucre, mais les portes de l'ascenseur se sont ouvertes et trois petites vieilles ont hurlé en apercevant mon rat. Un énorme lion enragé ne leur aurait pas fait aussi peur. Marius observait la scène et riait comme un malade. Les femmes sont sorties et Koriass est entré et… les portes se sont refermées. J'étais en panique. Je ne voulais pas le perdre, et pas non plus me faire bannir de la résidence. Parce que je dois l'avouer, je m'étais attaché à mon vieux fou. J'ai pris les marches et monté jusqu'au cinquième pour rejoindre l'ascenseur. Pas assez vite, je l'ai manqué. Au même moment, j'ai entendu crier. Ça venait d'un étage plus bas. J'ai redescendu et, cette fois, c'était un petit monsieur qui gueulait : « Vermine ! Vermine ! On vit dans une résidence insalubre ! Y'a d'la vermine ! » Je lui ai demandé gentiment de se la fermer en lui expliquant que c'était mon rat, un rat domestique, et qu'il était propre. Je me suis penché et j'ai regardé Koriass droit dans les yeux en lui présentant une rondelle de Froot Loops. Une rose, ses préférées. Il s'est approché doucement et je l'ai enfin attrapé. Ouf !

J'étais hors de moi et complètement sous l'effet de l'adrénaline. Marius a eu droit à une engueulade de ma part.

— Tu vois ce que ça a donné d'apporter mon Koriass ! J'ai failli me mettre dans marde pis toi aussi. T'es pas tanné de chercher l'trouble ?

— J'te f'rai remarquer que c'est ton rat !

— Mais j'te l'avais dit que c'était pas une super idée de l'emmener icitte. Y sort jamais. Y'a eu peur. C'est sûr que le bonhomme ou les bonnes femmes vont se plaindre, pis ça se peut que je puisse plus jamais v'nir chez vous. Tu comprends ça ?

— Ben, ça sera ça !

— Fuck you !

— Fuck you toi-même ! Ça te f'ra encore un ami de moins.

— Cheap shot, le vieux. Chus pas certain que j'ai besoin d'un chum comme toi. Toi, t'en as des amis ? Même tes enfants veulent pas te voir. Y t'appellent de temps en temps juste pour s'assurer que tu vas leur laisser ton cash. Je sais pas comment ta femme a pu t'endurer si longtemps. T'es un vieux débile rabougri qui doit se branler devant ses cendres.

Je regrettais déjà mes paroles, mais il m'avait fait sortir de mes gonds. Et il a continué.

— Pis toé, tu penses que t'es mieux ? T'es venu me voir seulement pour faire tes crisses de travaux communautaires !

— Tu sais ben que c'était plus que ça, en dernier !

— C'est certain, t'es tombé handicapé pis ta poquée de mère pouvait même pas s'occuper de toi !

— Ben, c'est ça. On est deux estis de fuckés !

Un silence lourd comme une tonne de briques a duré cent ans. Un silence qui nous donnait le temps de regretter tout ce qu'on s'était dit. On venait de faire un rap battle sans beat de fond. Et Marius a brisé ce silence.

— Malik, va-t'en !

Et au lieu de me la fermer, j'en ai rajouté en utilisant mon pouvoir sarcastique qui tire plus souvent sur le méchant.

— Hé ! Hé ! T'as réussi à dire mon nom. Tu te souviens de mon nom. Wow ! T'es pas aussi sénile que j'pensais.

— Sacre ton camp, Capucin !

Je n'avais pas encore claqué la porte que résonnait à tue-tête sa *Suite pour violoncelle seul* de Bach. Bonne idée ! J'allais moi aussi me réfugier dans ma musique.

13

Je continuais de travailler à la cordonnerie. J'apprenais chaque jour. J'étais maintenant capable de relooker de vieilles godasses pour qu'elles aient l'air presque neuves. On s'était donné le mot à mon école et plein de nouveaux clients se pointaient. Je rallongeais la vie des Nike de skaters et je faisais de bons pourboires additionnés à ma paye.

Marius et moi, on se boudait. Notre chicane, complètement ridicule, je dois l'avouer, durait depuis quelques jours. Je regrettais mes paroles, mais les siennes n'avaient pas été tellement mieux. Il était le plus vieux, l'adulte, et aurait dû être le plus raisonnable. Au moins, il n'avait pas fait de move pour m'empêcher de travailler à la cordonnerie. C'était à lui de me contacter. Je savais que ça m'affectait parce que j'étais en crise d'eczéma. Jade me faisait la morale : « C'est niaiseux votre chamaillage, vous êtes pas des enfants du primaire. Rappelle-le donc ! »

Elle avait raison. Fallait que je pile sur mon orgueil. Je devais bien ça à Marius. Mais avant même de me rendre chez lui, le numéro de la résidence résonnait sur mon cell. C'était madame Beaupré.

— Bonjour Malik, je n'ai pas de bonnes nouvelles.

— Qu'est-ce qu'y a fait, encore ?

— Monsieur Larochelle n'est pas rentré hier soir et on vient d'avoir un appel de la police.

— Quoi... c'est quoi ? Qu'est-ce qui est arrivé ? Un autre mauvais coup pendable ?

— Il est mort, Malik. Pour l'instant, ce n'est pas clair, mais il semble qu'on l'ait tué.

— Comment ça, tué ? C'est quoi l'affaire ?

Je me suis mis à trembler. Je me disais que madame Beaupré devait sûrement avoir mal interprété l'information.

— Des voisins ont signalé des bruits et des signes de violence dans un appartement, quelque part dans l'est de Montréal. Quand les policiers se sont rendus sur place, ils ont trouvé monsieur Larochelle par terre dans la cuisine du logement. Deux jeunes ont été arrêtés et un autre est recherché. Je voulais te le dire avant que tu l'apprennes aux nouvelles. Il semblerait qu'il aurait été frappé avec un bâton de baseball.

— Fuck ! Fuck ! Fuck ! Fuck ! Pas son Rusty Staub ! Pas vrai ! Il est où là ? Il est peut-être pas mort ! Il est à quel hôpital ?

— Malik, je suis désolée. J'ai appelé ses enfants qui vont venir pour organiser les funérailles.

— Ben oui ! C'est l'temps de v'nir asteure qu'il est dead ! C'est ça, qu'y signent les papiers pour avoir leur cash !

Madame Beaupré essayait de me calmer, mais j'ai raccroché avant même qu'elle finisse sa phrase. J'insistais pour voir Marius. Il fallait que je le touche pour le croire. Il était déjà à la morgue. Je m'y suis rendu, mais on n'a pas voulu me laisser entrer parce que je n'étais pas de la famille. Je leur ai fait une scène, j'ai pleuré, j'ai crié. Je leur ai dit qu'on était les deux meilleurs amis du monde, qu'il était à la fois mon grand-père, mon père, mon frère, mon pote.

Je l'ai vu. Je n'aurais pas dû. Marius était encore plus mal en point que moi quand je me suis fait tabasser.

* * *

J'ai appris par la suite que Marius avait trouvé un autre de mes agresseurs et s'était rendu chez lui avec son bat de baseball. On ne saura jamais vraiment comment ça s'est passé, mais le salaud a raconté aux policiers que « le bonhomme » s'était pointé avec un bat en lui gueulant qu'il ne s'en sortirait pas comme ça. Il a ensuite osé prétendre que c'était de la légitime défense, que c'était lui ou eux. Le gars n'était pas seul. J'imaginais bien la scène, Marius qui les menace, un des gars qui attrape le bâton et qui se met à fesser dessus pendant que l'autre le retient. Des chiens sales. Des pourris de s'en prendre à un vieux de quatre fois leur âge. Ils auraient juste pu le sortir à coups de pied au cul, ça aurait fait la job!

Je ne pouvais pas concevoir que son existence sur terre se terminait comme ça, d'autant plus que notre plus récente interaction avait viré en chicane. Une chicane tellement insignifiante. Nos dernières paroles ne reflétaient absolument pas ce qu'on pensait l'un de l'autre, encore moins ce qu'on ressentait l'un pour l'autre. Et moi, l'épais qui croyait qu'il était fâché et qu'il me boudait. Il était parti me venger! J'étais complètement sous le choc. Inconsolable. Tout était ma faute! J'étais arrivé dans la vie de ce vieux sans qu'il demande quoi que ce soit. Et là, il mourait comme un pauvre type, battu par des enfants d'chienne de ratés.

Ses enfants ne comprenaient rien à ce qui s'était passé. De toute évidence, ils me jugeaient. Ils me regardaient de haut. Le petit voleur qui est venu mettre le trouble dans le train-train quotidien paisible de leur père et, surtout, dans leur routine à eux. Je me sentais responsable de sa mort, mais pas question que je rate les funérailles de Marius. Madame Beaupré a réussi à convaincre son fils et sa fille de me laisser lui rendre un hommage. Elle leur a expliqué que leur père avait beaucoup apprécié ma présence des derniers mois et que ça lui avait fait un bien énorme. Son geste fatal relevait de lui et seulement de lui et il était clair que je n'aurais jamais endossé une décision pareille.

J'ai composé des paroles que j'ai mixées avec sa toune, celle qu'il écoutait tout le temps, la préférée de sa Henriette qu'il était parti rejoindre. Je l'ai rappée live aux funérailles. Je ne crois pas en Dieu, à Bouddha ni à aucune divinité suprême, mais j'avoue que de rapper dans une église sur la *1re Suite pour violoncelle seul* de Bach a été une expérience mythique.

Avec mes sous ramassés en travaillant à la cordonnerie, j'ai embauché un violoncelliste. Il a fait glisser son archet pour faire entendre les premières notes. Wow! Les frissons parcouraient mon intense eczéma, ce qui me donnait envie de me gratter partout. J'ai rappé du plus profond de mes tripes!

On a tous des moments rough dans notre vie
Pour certains, toute leur existence est pourrie
Les abandons, les mensonges, les blessures,
N'avoir jamais personne qui nous rassure

Quand y t'arrive la pire des bad lucks
Ends up de rencontrer ce vieillard, ce vieux schnock
Y'était mon boulet, mon purgatoire, ma prison
Mais on est vite devenus deux entités à l'unisson

Au début, à ses yeux j'tais un insecte nuisible, un cri dans la nuit
Pis après, notre amitié est devenue une question de survie

Mon âme, je serais prêt à la vendre
Avoir la certitude qu'il renaîtrait de ses cendres

Parce que, grâce à lui, j'ai compris
Que si on te traite avec mépris
Ça veut pas dire que t'es rien
Parce que moi, j'étais son Capucin!

Un silence mortuaire a suivi mon rap. Je suis descendu du stage pour aller toucher à l'urne et faire mes adieux à mon pote. Je lui ai dit tout bas: «J'espère qu'au ciel on ne peut pas sentir les odeurs. Merci pour tout, vieux fou.»

J'ai couru vers la sortie et hurlé dehors. Hurlé en dedans.

14

Je me remettais difficilement de la mort de Marius. Une grande part de moi se sentait toujours coupable. Jade me faisait des discours pour me démontrer que je n'y étais pour rien, mais ce n'était pas assez pour me convaincre. Il avait voulu me venger. Aucune idée de ce qu'il avait en tête exactement. Il souhaitait que les pourris se rendent à la police ? Il croyait naïvement leur faire peur avec son bat ? Ou... est-ce qu'il était conscient qu'il s'en allait directement à l'abattoir ? Et comment avait-il pu remonter jusqu'à eux ? Il semble qu'il menait sa petite enquête depuis des jours.

Mon humeur était nulle à chier. J'ai donc pris mes distances avec Jade. La dernière chose que je voulais c'était lui faire de la peine, la rendre triste. Le moral à zéro, je faisais le minimum. Le seul endroit où je me donnais à fond était à la cordonnerie. Je devais bien ça au vieux. Il m'avait confié des responsabilités et j'allais les honorer. Ma mère, toujours aussi incompétente, m'évitait pour ne pas avoir à me consoler. Ou alors elle ne parlait que d'elle, de ses ménages et du fait que la vie était dure. Moins on se voyait, mieux on se portait.

* * *

Quelques mois après la mort de Marius, j'ai été convoqué par un notaire pour la lecture du testament. Sa fille de Nouvelle-Écosse était là, mais son fils assistait à la réunion par FaceTime. Marius devait sûrement tenir sa parole de me laisser sa Mustang. J'espérais que ses enfants ne m'en voudraient pas encore une fois. Mon eczéma s'était étalé sur tout mon corps, même sur mon visage, mon cou, mes oreilles, une première dans ma vie.

Le notaire était un cliché ambulant. Un monsieur dans la soixantaine, habit beige, cravate, cheveux léchés. Il portait la moustache. Il parlait bien. Il récitait sa cassette, des mots qu'il devait avoir prononcés des milliers de fois dans sa carrière. Il a commencé par énumérer les biens et les sommes d'argent laissés à la fille et au fils de Marius. L'atmosphère était lourde. Eux connaissaient tous ses avoirs, pas moi. En tout cas, il était beaucoup plus riche que je ne le croyais.

Sa fille s'est informée à quand remontait cette version du testament. La date correspondait à la veille de sa mort. Marius avait donc une maudite bonne idée de comment son escapade au bat Rusty Staub allait se terminer.

Qu'est-ce qu'il voulait me prouver en agissant de la sorte ?

Rendu à moi, le notaire m'a remis une lettre, me demandant de la garder pour la lire en privé. Il a ensuite parcouru les mots de Marius indiquant la liste de ce qu'il me léguait, accompagnée de quelques conditions.

Je laisse à Malik Michaud, alias Capucin, la cordonnerie située au 5417 rue Quirion à Montréal. En tant que propriétaire, c'est lui qui en assumera la gestion entière à partir de ses 21 ans.

Comme promis, je lui confie ma belle rouge, ma Mustang 1969 d'une valeur inestimable. La seule condition est qu'il la chérisse autant que moi, ne la vende jamais et la lègue un jour à quelqu'un qui sera d'une importance capitale pour lui. Un cours de conduite s'ajoute bien sûr à ce cadeau.

Je lui laisse aussi mon chalet. Il pourra y aller à sa guise et y emmener son amoureuse. Il comprendra que ce lieu est un havre de paix pour décompresser quand la soupape risque d'exploser. Mes enfants, vous pourrez conserver les photos de famille, évidemment, et tout autre objet qui appartenait à votre mère.

La suite s'adressait directement à moi.

Malik, un appartement vous attend, ta mère et toi, au 3263 rue Marquette à Montréal. Il est entièrement payé et meublé et les dépenses adjacentes comme l'électricité, les assurances, le câble, etc. seront réglées jusqu'à tes 21 ans. Ensuite, c'est toi qui devras en assumer les coûts.

Un compte est ouvert à ton nom, géré par Antoine Gauthier, comptable agréé, qui communiquera avec toi dans les prochains jours. L'argent qu'il contient sert à vous procurer ce qu'il faut pour vous faciliter la vie – nourriture, transport, vêtements, etc. Il y a également des sous pour te payer des études après ton secondaire. Je t'incite à suivre des cours d'administration, question de bien diriger la cordonnerie. Si tu développes ton sens des affaires, tu pourras faire l'acquisition d'autres commerces. Je sais que tu en es capable. Ce ne sont que des suggestions, mais pour moi, ce qui est primordial est que tu t'outilles pour toujours te relever si jamais il t'arrivait des malchances. Fais ce qu'il te plaît, explore tes passions, mais garde-toi un côté rentable qui te procurera une certaine liberté.

Finalement, pour tes 21 ans, un autre montant t'attend, une somme qui reste secrète pour l'instant. C'est monsieur Gauthier qui jugera si tu as la maturité pour gérer le tout. Mais j'ai confiance en toi, mon Capucin.

C'est ainsi que la rencontre chez le notaire s'est terminée. Son fils a disparu de l'écran d'ordi assez vite et sa fille a claqué la porte sans même me regarder.

Je n'en revenais pas. C'était quoi ça? Un rêve? C'est certain que j'allais me réveiller un jour ou l'autre. Mais si j'avais pu faire un choix entre Marius et tout ce qui me tombait du ciel, j'aurais choisi Marius, all the way! On aurait pu profiter l'un de l'autre encore quelques années.

Je tenais la lettre entre mes mains dans l'autobus, mais je retardais le moment de la lire. Il était évident qu'après la lecture de ce testament, elle ne contiendrait que de beaux mots, mais il fallait que je digère tout ça avant d'en rajouter.

L'endroit le plus approprié pour la lire était au shack de Marius. Maintenant MON shack. C'est la grand-mère de Jade qui nous y a emmenés. Parce que oui, j'ai demandé à Jade de m'accompagner. Je me sentais comme un adulte. Un coup de maturité en l'espace de quelques heures! La Mustang était à moi, juste là, s'offrant. Tout ce qu'il me manquait, c'était le permis de conduire. Non, je n'allais pas attendre plus d'un an avant de l'essayer. Jade a tenté de m'en dissuader, mais elle a fini par céder, je l'ai convaincue.

« On est à la campagne, y'a pas de police à tous les coins de rang! »

On s'est installés dedans, on s'est regardés. Je l'ai démarrée et j'ai entendu pour la deuxième fois le ronronnement du moteur. Marius avait raison. Ce son était du bonbon à mes oreilles. Jade m'a alors suggéré en affichant son petit sourire ravageur: « Allez, ouvre l'enveloppe et lis cette lettre avant d'aller faire un tour. Si jamais on se tue, au moins, tu l'auras lue. »

Mon Capucin, comme je te connais, tu dois être dans ma belle rouge en ce moment. Je ne suis pas naïf, j'ai été jeune moi aussi. Je sais bien que tu vas l'essayer avant même d'avoir ton permis. Mais fais attention. Va dans le rang 3. Il n'y a jamais personne. Fais grimper le speedomètre une seule fois juste pour ne pas pousser ta luck. Ne la monte pas plus qu'à 150, elle commence à se faire vieille. Calme-toi tout de suite après, lève le pied et va la garer à sa place jusqu'à ce que tu aies le droit de la conduire. Démarre-la de temps en temps pour qu'elle ne s'encrasse pas, fais vrombir le moteur et savoure cette musique.

Je sais que tu ne dois pas comprendre tous les événements des derniers jours. Il n'était pas question pour moi que ces jeunes bandits s'en tirent et continuent à vendre leurs sales drogues en faisant d'autres victimes comme toi. J'ai fait mon enquête et je les ai trouvés. Je vais me pointer chez eux pour leur demander de se rendre. C'est possible que ça vire mal, mais j'aurai essayé. Si c'est le cas, j'ai tout prévu. Je t'ai laissé ce qu'il faut pour que tu fasses une belle vie, une vie qui ne t'était peut-être pas destinée parce que tu ne l'as jamais eu facile. Mais une vie que tu mérites. À présent, tout sera plus simple. Tu as joué à l'adulte depuis que tu es tout petit, ce n'est pas normal pour un enfant. J'ai envie que ça coule pour toi maintenant.

Je remercie Subway de t'avoir mis sur mon chemin. Si tu n'avais pas commis ce vol naïf, jamais on ne se serait rencontrés. Chaque vendredi, quand